アドラーに学ぶ
生きる勇気とは何か

无畏的勇气

"自我启发之父"阿德勒的生命哲学课

[日]岸见一郎◎著

渠海霞◎译

本书主要内容由五章组成，分别为"丧失的勇气""找回勇气""衰老与疾病""死亡"和"生存的勇气"。在书中，作者不仅论述了某些容易挫伤我们的勇气的事情及勇气受挫后我们的典型表现，而且分析了极具参考意义的思维方法，展示了鼓励、建立自信、避开赏罚教育、恰当评价、调整期待、视他人为同伴等做法的重要性，论述了如何找回"生存的勇气"，重拾"生存的乐趣"，乐享"生存的喜悦"。在此基础上，作者进一步指出我们要认识到每个人都是"整体的一部分"，要摆脱自我中心主义，勇敢面对人生课题，保持既不过于悲观也不过于乐观的乐观主义人生态度。同时，作者也强调了摆脱属性化与保持自立精神的重要意义。在书中作者强调了人们要适度重视身体发出的声音与呼吁，坦然接受衰老甚至是生病状态，克服死亡恐惧，与自己的内心和解，随时随地保持自由的精神。作者也鼓励我们既要懂得"活在当下"的重要意义，不过度为明日之事担忧，又要树立理想与目标，保持对未来的期待、对生活的热情。

Original Japanese title: ADLER NI MANABU: Ikiru Yuki towa Nanika
Copyright © 2008 Ichiro Kishimi
Original Japanese edition published by Arte Publishing Inc.
Simplified Chinese translation rights arranged with Arte Publishing Inc.
through The English Agency (Japan) Ltd. and Shanghai To-Asia Culture Co., Ltd.
北京市版权局著作权合同登记 图字：01-2021-5291 号。

图书在版编目（CIP）数据

无畏的勇气："自我启发之父"阿德勒的生命哲学课 /（日）岸见一郎著；渠海霞译 . — 北京：机械工业出版社，2022.5（2025.1 重印）
ISBN 978-7-111-70568-0

Ⅰ.①无… Ⅱ.①岸… ②渠… Ⅲ.①生命哲学 Ⅳ.①B083

中国版本图书馆 CIP 数据核字（2022）第 062378 号

机械工业出版社（北京市百万庄大街 22 号 邮政编码 100037）
策划编辑：坚喜斌　　　　　　责任编辑：坚喜斌　李佳贝
责任校对：李　婷　张　力　　责任印制：李　昂
北京联兴盛业印刷股份有限公司印刷
2025 年 1 月第 1 版第 6 次印刷
145mm×210mm · 8 印张 · 1 插页 · 102 千字
标准书号：ISBN 978-7-111-70568-0
定价：55.00 元

电话服务　　　　　　　　　网络服务
客服电话：010-88361066　　机 工 官 网：www.cmpbook.com
　　　　　010-88379833　　机 工 官 博：weibo.com/cmp1952
　　　　　010-68326294　　金 书 网：www.golden-book.com
封底无防伪标均为盗版　　　机工教育服务网：www.cmpedu.com

译者序

在《论语·先进》中，孔子有言："未知生，焉知死？"的确，在大多数中国人的观念中，死亡似乎是一件须尽量避免谈论的事情，正如岸见一郎在本书中所说的一样，人们常常以各种方式将死亡"无效化"，并希望能够以此来逃避对死亡的恐惧。可是，人生总有尽头，在生命的最后，人人都不可避免地要走向死亡。对此，庄子在《庄子·齐物论》中提出了"方生方死，方死方生"的观点，明确指出生与死之间并不存在一道严格的界限，继而导出了一种"生则乐生，死则乐死"的豁达人生观。而德国哲学家海德格尔则在深刻思考生死问题之后提出了"向死而生"的生命主张。的确，不管认识深浅，死亡问题始终是人生中一个迟早要去面对的、无法回避的课题,而如何应对这一课题,也在很大意义上反映出一个人应对人生课题的一贯态度。正如本书所言,真正幸福的人生应该是不管身处何种境况都能够鼓起生存的勇气,充满生存的喜悦,保持生存的乐趣。为此,作者岸见一郎在自己因心肌梗死而于生死边缘徘徊过一次之后,对阿德勒一贯主张的生存的勇气重新进行了思考,并将自己生病之前未能发现或者思考不够深刻的体会与感悟通过本书悉数分享给读者。

本书主要内容由5章组成,分别为"丧失的勇气""找回勇气""衰老与疾病""死亡"和"生存的勇气"。在第1章"丧失的勇气"中,作者讨论了何谓"生存的勇气"之后,指出了某些容易挫伤勇气的事情及勇气受挫后的典型表现,并分析了极具参考意义的思维方法,展示了鼓励、建立自信、避开赏罚教育、恰当评价、调整期待、视他人为同伴等做法的重要性。第2章"找回勇气"则详细论述了如何找回"生存的勇气",重拾"生存的乐趣",乐享"生存的喜悦"。在基于阿德勒一贯

译者序

主张的"他人即同伴"这一观点的前提下,岸见一郎指出我们要认识到每个人都是"整体的一部分",要摆脱自我中心主义,勇敢面对人生课题,保持既不过于悲观也不过于乐观的乐观主义人生态度。同时,作者也强调了摆脱属性化与保持自立精神的重要意义。第3章、第4章则分别探讨了衰老、疾病与死亡问题。在这两章中,作者岸见一郎着重强调了人们要适度重视身体发出的声音与呼吁,坦然接受衰老甚至是生病状态,克服死亡恐惧,与自己的内心和解,随时随地保持自由的精神。并在深入思考衰老、疾病与死亡问题之后,于第5章"生存的勇气"中将思维视角进一步提升,主张人们既要积极筹划未来,又要尽力过好当下。也就是说,人们既要懂得"活在当下"的重要意义,不过度为明日之事担忧,又要树立理想与目标,保持对未来的期待、对生活的热情。

就像马丁·路德所言,"即使世界明天终结,我也要种下苹果树。"对衰老、疾病、死亡等问题充分思考之后，我们应该懂得"活在当下"的重要意义。同时，还要明白"活在当下"与"今朝有酒今朝醉"的肤浅"享乐主义"之区别，在充分认识到"人生有限"的基础上，具备一种"向死而生"的勇气、自我超越的信心、改善世界的胸襟，从容面对人生中的一系列课题，尽力让有限的生命绽放出无限的光彩！

聊城大学外国语学院教师，北京师范大学文学院在读博士

渠海霞

2022 年 2 月 28 日

前 言

在《活出生命的意义》中列举出的综合失调症案例中,患者完全丧失了"生存的勇气",但其与阿德勒谈话期间,慢慢又找回了那种勇气,这给我留下了深刻的印象。究竟何谓生存的勇气,人是怎样丧失这种勇气的,又如何能够找回这种丧失的勇气,我将在本书中对以上这些问题做出解答。

坦率地讲,人在一生中会遇到一些必须面对的课题,而在这些无法回避的课题面前却想要选择逃避,这就是缺乏勇气。这些课题包括工作的课题、交友的课题、爱的课题等。通常来说,人不工作就没法生存下去。因此,人必须掌握工作程序,并努力构建与同事或顾客等的人际关系。此外，在非工作场合，人也无法回避与他人进行私人交涉或亲密交往这一意义上的交友的课题。还有与家人之间的关系或者男女之间的交往等爱的课题。这比前面的交友的课题具有更近的人际关系距离，构筑这类关系也并不容易。也许很少有人会感觉这些课题很困难。但是，在人生的任何一个阶段，面对任何课题，都从未犹豫不决或想过要逃避的人恐怕也没有吧。至少，人在面对一些课题的时候，会缺乏勇气，也就是生存的勇气。

本书的主要目的不是要教给大家如何去鼓励他人，而是希望读者朋友能借此获得更大的生存的勇气。就像马上要看到的一样，人无法离开他人独自生存。有时看到自己身边的人勇气受挫，或许也想要尽力为其提供帮助。但是，即使在那样的场合下，如果自身没有勇气，也无法去鼓励他人。在那种情况下，或许也没有余力去帮助他人。然而，如果自己曾经因为同样的事情受挫、苦恼，而今却摆脱了困境，重新站了起来，能够将这一

前言

点展示出来，其本身就已经带给身陷问题旋涡中的人勇气了。阿德勒说，勇气只能从自身具有勇气的人那里学到。勇气和怯懦都会传染。自己具备勇气是能够帮助他人获得勇气的出发点的。

因此，想要去帮助他人者也要首先反思一下自己。这种反思并不仅限于在你有什么大问题的时候。被建议来进行心理咨询的人常常会听到我说没什么大问题。那种时候我会对他们说，即便现在没有生病，也能够借助心理咨询变得更加健康。阿德勒说，预防比治疗更重要。希望读者朋友们也抱着这样的想法去阅读本书。

自不必说，勇气仅仅停留在思考还远远不够。因为我们并不是仅仅下决心要鼓起勇气就能够获得勇气。例如，这就跟想要学摄影的人无论读多少有关摄影的书，也不会学会摄影一样。无论再怎么想要拍出好照片，单单只是幻想的话，是无法拍出好照片的。

哲学或由其派生出来的心理学方面的书也是一样。

我们即便明白其中的内容也没有太大意义。不过，就现在的状况来讲，如果想要获得勇气，首先要了解何谓勇气，这的确是有意义的。

经历对于学习某些事情是有效的。但是，即便经历过某些事，也并不一定就能从中学到东西。重要的不是经历了什么，而是从经历中学到了什么。与其说是经历"教给"了我们什么，不如说是我们"通过"经历或以经历为"契机"学习到了什么。

可是，即便去实践，如果仅仅如此的话也很难学会，且常常会徒劳无益。我将在后面会详细分析阿德勒心理学的"生活方式"。阿德勒将人对自己和世界的看法称为生活方式。生活方式虽说是由自己选择的，但并不容易改变。打个比喻的话，生活方式就好比是一副眼镜，只要人们不换掉这副眼镜，无论再怎么去体验，也依然会按照自己的思维方式去看待那种体验。

在本书中，我想提出一个有助于大家独立思考和独立生存的指南。当然，我也知道，这并不会像一投入钱就会有清凉饮料从自动售货机里出来一样，能够简单地得出答案。遗憾的是，它也不可能像电视上的具有特异功能的人那样对个人的人生断然给出指示性答案。倘若那样的人被大受赞赏，就意味着也有很多人认为其很好，但我认为人生是自己的，恐怕并不能那么轻易地接受被给予的答案。

目 录

译者序
前言

第 1 章　丧失的勇气 / 001

　　生存的勇气 / 003

　　鼓励 / 010

　　作为鼓励的治疗和育儿 / 011

　　勇气受挫时 / 015

　　丧失自信 / 018

　　赏罚教育的影响 / 022

　　害怕评价 / 027

　　人生并不单单只有舒适面 / 034

　　因为期待过高而容易对人生失望 / 039

目 录

　　对他人期待过高者 / 042
　　刻意营造优越感者 / 043
　　视他人为敌者 / 045

第 2 章　找回勇气 / 047

　　获得勇气 / 049
　　摆脱属性化 / 050
　　自立需要勇气 / 052
　　保持现状就可以吗 / 054
　　关于责任 / 059
　　认可自己的价值 / 063
　　化缺点为优点 / 064
　　与他人的关系 / 067
　　人无法独自生存 / 071
　　我与他人的关系 / 075
　　人与人之间的联系 / 078
　　自我中心主义 / 081
　　整体的一部分 / 083
　　给予和获得 / 084

他人是同伴 / 086

与他人协作 / 092

哪个都不能缺 / 093

摆脱自我中心主义 / 098

首先要量力而行 / 102

面对困难课题 / 105

重视课题达成与重视人际关系 / 109

保持平等 / 115

信赖 / 118

康复途中的患者之梦 / 123

乐观主义 / 127

第 3 章　衰老与疾病 / 129

衰老 / 131

接受疾病 / 141

当身体变成他者之时 / 146

心灵生病时 / 155

身体发出的声音 / 159

从疾病中康复过来 / 162

生病的意义——活在当下 / 167

自由的精神 / 181

第 4 章　死亡 / 187

死亡 / 189

伪死亡问题 / 191

即便并不常常意识到 / 198

勿将死亡无效化 / 201

克服死亡恐惧 / 203

流传后世 / 209

好好活着 / 214

第 5 章　生存的勇气 / 219

生存的喜悦 / 221

时刻准备着 / 224

双重性 / 226

改善世界 / 229

超越的勇气 / 232

从容地活着 / 234

后记 / 236

丧失的勇气

生存的勇气

阿德勒引证的一位再次找到生存的勇气的男性患者,并不是一开始就与阿德勒建立起了良好关系。他在三年前被其他医生告知自己不可能被治愈。这种被拒绝未必是就其疾病本身而言的。这位男性自小时候起便累积了很多不被人接纳的体验,因此,他便坚信在之后的人生中自己也会被所有人拒绝。对此,阿德勒解释说:"他从小便认为那是自己的命运。"但是,这样的事情绝不是"命运"。倘若果真像这位男性所言,被人拒绝是一种命运的话,也许之后他也会一直经历相同的事情。

这个人也许认为在阿德勒这里自己也会受到同样的对待。在长达三个月的治疗期间,他在阿德勒面前一直保持沉默。阿德勒在这期间究竟是以什么样的态度去与之接触的呢？由于阿德勒对此什么也没有讲，所以我们只能自己去想象。恐怕阿德勒自己并不是同样保持沉默，而是在治疗期间坚持不断地对其讲话吧。如果用阿德勒的话讲，那也许就是在用"友好的态度"去对待。

但是，这名患者却不一样。阿德勒说他的沉默以及与之相似的行为"表明了一种反抗性的倾向"。最终，他竟然殴打了阿德勒。这绝非疾病使然。接受心理辅导的人即便不是采取积极的态度，而是以消极的形式进行反抗也并不是什么稀奇之事。就像后面我们将要看到的一样，倘若不是说些"你没有错"（我称之为免罪心理辅导那样的心理咨询）或者不以单单消除症状为目标之类的话，而是去关注生活方式本身并最终致力于改善生活方式本身的心理咨询，都势必会具有一定的严厉性，患者有时恐怕无法毫无抵触地欣然接受。

第1章
丧失的勇气

　　当这位男性患者殴打阿德勒的时候,阿德勒决心不加抵抗。阿德勒并不是建议大家在这种时候绝不可以去抵抗,而是在与这个人的关系中最好不要抵抗。这个人想要去殴打阿德勒的时候,被玻璃割伤了。阿德勒还为其包扎受伤流血的手。有一张阿德勒为一名女孩治疗的照片被保存了下来。我想象着认为对于这位男性,阿德勒或许也像对待那名女孩一样温和地为他包扎。那么,他在接受阿德勒的治疗期间又是怎样的呢?也许他会因为出血而不安,但更多的或许是对自己明明打了阿德勒但其却毫不抵抗这件事大感困惑吧!

　　阿德勒对这位男性说:"怎么样?咱们两个人要怎么做才能顺利地为你治疗呢?"

　　在这里,阿德勒并没有说"由我"来做什么,也没有说让患者做什么,这一点引起了我的注意。他问的是"咱们两个人"要怎么做才好。治疗者和患者之间的关系对患者来说至关重要。明明之前深信自己会经常遭人拒绝，但倘若经历一次不被拒绝的事件，那我们肯定会从中受到影响。这样的事情或许会被看成是偶然的或者是例外的。而且，也许我们还会采取一些行为以便重新确立自己会被拒绝这一想法。在阿德勒与这位男性之间的关系中，殴打这一行为就相当于此。关于经历，阿德勒说了下面这样的话。

"人会倾注个人独自的感情去'制造'经历，这表明人如何使用经历全由自己来决定。"

人的经历并不单单是被动性的存在。他亲自"制造"了一些经历，以便确认自己不会被人接纳这一想法。倘若经历能够成功改变那个人对他人的看法，在之后的人生中，那个人也有可能会制造出与之前截然不同的经历。但是，那并非一件容易的事情。因为，虽说是人自己决定并选择了生活方式，但长年累月，那已经变成了一种习惯。无论什么样的经历，人都会

第1章
丧失的勇气

想方设法在自己决定的这个框架中对其加以解释。并且，多数人即便是知道已经养成的生活方式会给自己带来不方便和不自由，但依然不会去改变它。因为，如果选择与之前不同的生活方式，马上就不知道接下来会发生什么了。也可以说，人之所以不去改变生活方式，是因为在不断地下决心不改变已经习惯了的生活方式。因此，如果停止不改变生活方式的决心，也许我们就能够改变。但是，仅仅有这种决心还不够。因为人不知道该如何去改变。关于这一点，阿德勒给出了具体性的建议，我在后面会对其加以介绍。或者，也许还会有人根本不知道有其他生活方式存在的情况。我认为似乎有很多人相信其他人也具有与自己相同的感觉和想法。

尽管如此，人有时还是会通过治疗或心理咨询而发生变化。怎么做才能发生这种变化，这是后面要讲的内容。

接着刚才的话题来讲，不习惯阿德勒这种应对方式的那位男性也许会大感困惑。并且，他还想试探一下阿德勒是否真的不拒绝自己。也许他之前也在做同样的事情，也许正是由于那样去试探他人才更加会遭受拒绝，而这进一步强化了别人依然无法接受自己这一想法。但是，阿德勒与其之前遇到的人全都不一样。阿德勒不仅没有因为这个患者殴打他而发怒，甚至还为他包扎伤口。也许这个患者会想："这是为什么呢？"

从阿德勒询问这名患者"咱们两个人"应该怎么更好地进行治疗这一点就可以明白，治疗并非医生对患者单方面进行的。如果没有两者的协作，治疗就无从进行。

面对提出"咱们两个人要怎么做才能顺利地为你治疗"这一问题的阿德勒，他回答说："那非常简单。我完全丧失了生存的勇气。但在您说话期间，我

第1章
丧失的勇气

又找到了勇气。"他沉默了三个月之后,对阿德勒这么说。

在那期间,虽然他什么都不说,但已经找到了"怎么做才能顺利治疗"这一问题的答案。鼓起生存的勇气就可以了。

阿德勒接着说:"勇气是共同体感觉的一个方面,明白个体心理学这一真理的人也许会理解这位男性的变化。"

勇气是共同体感觉的一个方面,这是什么意思呢?那又与这个人的变化有什么关系呢?阿德勒到底对他说了什么呢?

鼓励

有人说阿德勒并不怎么使用鼓励一词,但这是一种错误的说法。甚至可以说治疗、育儿、教育,全都始于鼓励并终于鼓励。

"在治疗的任何一个阶段,都必须保持鼓励的方向。"

也许没有人不曾为自己面对的课题束手无策过。在这个意义上,谁都多多少少丧失过勇气,或者现在正在丧失勇气。没人能够总是信心满满。即便是丧失了勇气,情况也会有所不同,有人在较短的时期内就能够摆脱那种状态,也有人长期陷入那种状态之中。阿德勒指出,神经症肯定是慢性的,这一点很有意思。提高致力于

第 1 章
丧失的勇气

人生课题的勇气,这是个体心理学的治疗目标。

这里暂时先讲一下何谓鼓励。人无法回避阿德勒此处所说的人生课题,具体来讲就是交友的课题、工作的课题、爱的课题。对于这些课题,人往往无法致力其中,而且试图逃避这些课题。这种状态就是缺乏面对人生课题的勇气。倘若引用前文的话来讲,帮助他人"提高致力于人生课题的勇气"就是鼓励。这是治疗、育儿、教育的共同目标。

作为鼓励的治疗和育儿

阿德勒曾说过:"这种鼓励是基于个体心理学坚信任何人都可以做到任何事这一主张的。"

阿德勒反复说:"任何人都可以做到任何事。"或许有人会认为这是一种极端的观点。实际上，在阿德勒远渡美国时，这一观点就曾遭到过批判。但是，阿德勒认为很多时候人在怀着能够完成目标的自信致力于解决课题之前便已经放弃挑战课题了。并且，那时候，人不仅会说做不到，还会找到一个做不到的理由。而阿德勒认为，这个理由必须能够让他人信服，能够让自己接受无法致力于课题这件事。

像这样列出无法致力于课题的理由，阿德勒称其为"自卑情结"。阿德勒有时也会将这个词作为强烈自卑感之意来使用，但其本来的意思是：在日常交流中过多使用"因为 A（或者因为不是 A），所以做不到 B"的逻辑。并且，作为做不到 B 的理由，人们还会想方设法找出能够令自己和他人都信服的原因，以便让大家都认为倘若如此的话，即使做不到也是没办法的事情。不想承认自己做不到，不愿因为做不到而丢脸。为了不至于如此，人们便会搬出做不到的理由。神经症就时常会被作为这里的 A 来使用。

第1章
丧失的勇气

但实际上,那并不是真正的原因。因为,即便在相同的状况下,也一定会有人努力跨过挡在自己前面的障碍。曾经有一个人将自己的犯罪归咎于贫困,而一个非常了解他的人则说"大家都很贫困啊"。并不是贫困的人都会去犯罪。

像这种将贫困视为犯罪原因的情况,阿德勒称之为"表面因果律"。意思就是,明明没有因果关系,但看上去却好似存在因果关系。甚至心理咨询师有时也会帮咨询者去查找这种伪因果律,就连患者自己都没有注意到的事情也会为其找出来。并且还会说"这并不是你的错"。我想将这称为"免罪心理辅导"。

这样的事情在日常生活中也能见到。语言学者黑田龙之介讲了下面这样的情况。外语学习中的常识太多了,例如外语学习必须从小时候开始。但是,如果是这样的话,那就麻烦了。因为,这就意味着错过了外语学习适龄期再去学习外语就没有什么意义了。

"但是，也有人非常相信这种外语学习适龄期的说法。为什么呢？也许对一部分人来说，那是一种很方便的借口吧。"

黑田龙之介说，外语学习适龄期的说法有时会成为一些人不愿学习外语的"冠冕堂皇"的借口，的确如此。但是，长大之后才开始学习外语的人或者没有留学经历的人（如果不去留学，那么外语水平就不会提高，这也是常识之一）是不是就无法学会外语了呢？实际上并非如此。

阿德勒晚年将工作基地移到了美国。在维也纳作为高明辩论家而闻名的阿德勒必须放下他原来熟悉的德语而去使用英语。阿德勒为学习英语所付出的努力实在是非同寻常，他在获得能够用英语演讲的自信之前，每天都去上英语课。阿德勒学会开车也是六十岁之后的事情。据福特穆勒讲，阿德勒认为"倘若因为英语不好便回避这个课题（用英语演讲），那或许就会成

第 1 章
丧失的勇气

为神经症者为逃避人生课题而使用的借口之一了吧"。

像这样,以回避人生课题为目的而搬出一些原因。但是,这些原因与结果之间并非真的存在因果关系。因为,从相同的原因中会产生出不同的结果。

为什么人在面对人生课题的时候会认为其无法解决呢?

勇气受挫时

当然,课题本身就很难的情况也的确有。例如,父母如果给孩子委派超出其年龄阶段相应能力水平的事情,就会挫伤孩子的勇气。我的孩子在很小的时候有一次一个人去买东西,就要马上到家的时候,突然摔倒了,买的鸡蛋大部分都摔碎了。于是,孩子说再也不要去买东西了。

但是，这样的事情往往都是发生在孩子年幼之时。在孩子逐渐长大之后，很多情况下，大部分的事情也仅仅是自认为做不到的事情而已。的确，孩子如果没有大人的帮助就无法生存。婴儿必须让父母喂自己吃饭。由于婴儿还不会说话，就只能通过哭来传达自己的欲求。可是，并不能总是这样，孩子最终都要自立，不能一直依赖父母。育儿或教育的目的就是让孩子学会自立。我们要帮助孩子学会靠自己的力量去解决所面对的课题。

可是，有时候，由于父母没有注意到或者不愿去承认孩子的成长，这就会导致孩子过低评价自己的能力。当然，孩子并不会一开始便能够顺利做好所有的事情，有时会失败。但过低评价自己的能力的孩子失败一次就会认为自己"已经无法赶上了"，并且，这一想法还会成为伴其一生的固定观念。

第1章
丧失的勇气

　　为了避免这样的事情发生，大人认清孩子的能力水平就变得重要起来，但这种辨别并不简单。如果给孩子委派超出其能力范围的事情，就像我让孩子一个人去购物，很可能导致孩子的勇气受挫。但是，课题即便不是孩子能力不及之事，有时也会失败。即便如此，我还是希望孩子能够反复挑战并逐渐克服那种课题。可是，只要有一次孩子无法独立完成的情况发生，那些深信孩子无法靠自己的力量解决课题的大人，就会去替孩子完成课题，尽管孩子能够独立负责完成。倘若大人不这么做，那么孩子就能够依靠自己的力量完成自己的课题，就能够据此培养自信，继而感觉自己有价值，但这样的机会常常会被剥夺。

　　相反，如果大人过于干涉、干预、阻碍孩子自立的话，孩子就一直无法树立自信。并且，假若大人过度担心孩子，就会让孩子感觉世界很危险，活着非常艰难。大人的焦虑或不安容易传染给孩子。但是，不安并没有用。因为，只有克服不安，保持冷静沉着，才能直面危险和困难。

那么,为什么会产生这种观念呢?

丧失自信

阿德勒说:"我只有在认为自己有价值的时候才能获得勇气。"

人之所以想要回避人生课题,与其说是因为课题本身很难,倒不如说与无法认可自己的价值有关。

但是,我们长期以来受到的教育往往让我们无法认可自己的价值。尽管如此,也并不是人人都在相同的环境下成长。年龄相差不大、在大致相同的家庭环境中成长起来的兄弟姐妹也并不一样。导致这一状况产

第 1 章
丧失的勇气

生的原因只能解释为是孩子自主选择了某种生活方式，且其在选择生活方式时受到了外界环境的影响。

"孩子因为很弱小，所以需要（母亲这样的）第二个人的帮助。人是社会性的存在。因为，人正是由于弱小无力、缺乏安全感，才需要必须与自己结成一体互相照顾的他人。"

自己对周围世界的看法或者解决问题时个人特有的倾向，阿德勒叫作生活方式。虽然选择这种生活方式的是孩子本人，但其在选择的时候势必会受到周围环境的强烈影响。因为孩子并非活在真空中，所以势必会有一些影响其选择生活方式的因素。阿德勒甚至说，由于那些因素的影响力非常强大，所以并不能将一切责任都归到孩子身上。

此外，关于神经症，阿德勒还说，对于这种痛苦，神经症者本人并没有责任。因为患者自己并不能理解神经症的目的。但是，阿德勒又说："患者理解了（之后）才有责任。"

这个责任问题我在后面会再进行考察，在这里希望大家注意一点：即便孩子受周围环境的影响在某种程度上来说是没办法的事情，但依然不可免除其对自身行为选择的责任。我们应该看到，虽然在选择生活方式的时候会有来自周围环境的影响，但最终做出选择的还是自己。即便去调查那些对选择生活方式发挥作用的影响因素，也根本无法解释清楚生活方式本身。

周围环境对孩子的影响很大，特别是倘若像阿德勒所言，生活方式是在语言能力尚不够完善时已经被选择出来的话，那么，即便生活方式的选择本质上源于本人，也很难说孩子在周围环境的影响下才变成今天这样，责任在其自身。而且，关于过去已经选择的事情，现在即便去讨论其责任问题，也并没有太大价值。

第 1 章
丧失的勇气

但是，理解影响生活方式形成的相关因素也很有意义。生活方式在未被识别之前，可以说我们对此是一无所知，可一旦我们理解了过往的经历、兄弟姐妹的关系或亲子关系等因素对生活方式形成所造成的影响，那就必须拿出一个正确的态度去应对既有的生活方式了。

有的人不理解过去的事情只是选择生活方式时的影响因素，因而一味地追溯过往并严厉责备父母。但是，很明显，我们根本无法回到过去。那时，父母也不知道应该如何进行教育。或许有人认为自己选择生活方式之类的说法很荒唐，但正因为生活方式是出于自己的选择，所以现在如果下定决心的话，还可以由自己重新做出选择。

赏罚教育的影响

即便经历一样也并非一定会出现相同的结果,对此我们可以试着回忆一下小时候发生了什么样的事情。或许很多人常常被批评,有时还会受到惩罚式教育。可以说,大部分人在教育孩子的时候往往都只会批评或者是表扬。倘若大人为了命令孩子而使用武力的话,屈服于大人绝对性威力的孩子常常会勇气受挫,无法养成独立判断的能力。他们的确会成为大人眼中的好孩子,但却不会依照自己的判断灵活采取适当行为,只知一味地看大人的脸色行事。

并且,也许有时候大人会说自己的知识和经验比孩子丰富,继而去影响孩子的生活方式,按照大人期望的方向去引导孩子,孩子也会顺从大人的安排。的

第 1 章
丧失的勇气

确,大人和孩子并不"一样"。大人和孩子,其知识和经验并不"一样"。此外,能够承担的责任大小也有差别。但是,并不能因此就说大人比孩子优秀。即便是知识和经验与孩子不同,那也只不过是因为"学习时间长"。尽管存在那样的差异,但孩子与大人依然是平等的。

如果大人怀着这种平等意识去养育、教导孩子的话,孩子就会成为勇敢、自立的孩子,否则,就会成为勇气受挫、缺乏自立精神的孩子。即使想要独立思考做事,但如果大人通过武力或依据自己的经验及知识优势而加以阻止的话,孩子慢慢也就不再愿意独立思考做事了。也许有些时候,大人的建议是对的,照其行事就能够防止失败发生。但是,通过失败也可以学到很多东西。不过,试图防止失败发生的大人的干涉会让孩子变得胆小怯懦,为了不失败而去依赖大人的判断。这样成长起来的孩子无法认为自己具备解决问题的能力,用阿德勒的话说就是不能感到自己有价值。

大人在批评孩子的时候并没有将孩子视为与自己平等的存在。因为人不会去批评一个认为其是与自己平等的人。倘若有必要会加以提醒孩子，就绝不要感情性地进行批评。人必须面对的课题很多都与人际关系有关，在爱批评的大人面前，孩子常常会变得畏首畏尾。这种权威主义教育会使大人与孩子之间的关系变得"疏远"。一旦那样，孩子就会躲着大人，并回避原本应该面对的人际关系这一人生课题，继而视大人为"敌人"，而非"同伴"。

反之，不怎么批评的人常常会去表扬孩子。因为表扬是经常被使用的一种普遍性教育方式，所以，一谈到其弊病，大部分人都会感到吃惊，并且很困惑，不明白应该用什么方式来代替表扬。表扬的弊端有很多，例如，一旦不被表扬就不采取妥当行为，依据他人的判断来认定自己的行为是否合适，等等。并且，最初孩子也许会很喜欢表扬自己的人，可一旦没有得到别人的赞赏或者支持就开始怀疑自己的能力。即便

第 1 章
丧失的勇气

谁都不看好自己做的事,自己也要对其有信心,并能够相信自己的能力,认为自己有价值。如果就前文提到的大人与孩子是平等关系这一点而言,理解这个道理的人就不会胡乱表扬孩子。例如,一些会对孩子说的"真棒啊""做得真好呀"之类的话,几乎不会对大人这么说。表扬对方的时候,其实就已经视对方不如自己了。

像这样,经常被批评或表扬着成长起来的人往往会很在意他人的评价,因为这样做会挫伤人直面课题的勇气,导致人逃避课题本身,或者会为了获得表扬而不择手段。倘若做什么事都只在意自己会被批评还是会被表扬,那么不论结果如何,我们都不会按照自己的判断行事,更谈不上独立面对课题了。

不仅如此,赏罚教育还容易产生竞争关系。阿德勒认为,人勇敢幸福地活着所需要的不是竞争,而是协作能力。其具体意思我会在后文进行分析,但有一点是很明显的，那就是，追求评价会引起与他人之间的竞争。

一旦在育儿、教育中过多使用表扬、批评这样的方式，常常受表扬而不怎么被批评的孩子就会被认为比那些不太受表扬而总是被批评的孩子优秀，继而产生竞争关系。阿德勒并不否定优越性追求本身，但倘若想要以获得个人优越性的方式去解决所面对的课题，或者优越性追求表现为不正常的野心，孩子就会被置于困难状况之中了。因为，那样的话，只有是否成功这一结果被重视，而直面困难并努力克服的精神就不会受到重视。并且，即便孩子成功了，倘若没有获得他人的认可，也无法满足。因此，孩子常常会被他人的意见所左右，不去面对困难并努力克服它。阿德勒说："不经过努力便轻易获得的成功大都容易幻灭。"

第 1 章
丧失的勇气

害怕评价

我有过一段这样的经历。某一年补习英语作文的时候，我发现学校发下来的教材上面的习题不是老师自己出的，而是从某一本书中摘过来的。于是，我悄悄买来了那本书。买的时候我并没有打算去看。如果补习班使用的是跟这本书相同的教材，也许并没有必要去看。但是，我在做完习题之后，总想知道答案是否正确，于是便参照着那本书上的习题集核对了自己的答案。而且还在心里告诉自己说，我并不是一开始便直接去看答案，所以这并不是不正当行为。

第二天上课的时候，我自然能够写出非常完美的答案。而且，老师根本没有怀疑我的答案，并且在大家面前表扬了我，如此一来，我便落入了一个自己设下的圈套。结果，不知是幸还是不幸，后来的事情我已经不记得了，但只有一点我记得非常清楚，那就是：我并没有对老师说出真相。

在这个例子中，因为有看解答这样一条退路，所以我便没有逃避课题。倘若只能靠自己的力量去面对课题，并且那个课题还非常难的话，也许就会选择放弃了。

如果把刚刚举出的学习方面的事情，解释为由于课题超出了自己的能力而想要逃避，大体还能讲得通。但是，回避课题也许并不是能力问题。阿德勒说"任何人都可以做到任何事"的时候，他想要借此说明的是：没有能力只是不致力于课题的一个理由，真正妨碍我们直面课题的是那之外的事情。

西井一夫作为评论家，他的语言相当犀利，被其评论的摄影家也无法保持心情平静。对此，西井一夫说道：

第1章
丧失的勇气

"我一旦写点儿有关其作品的东西,诸位摄影家感兴趣的基本就是我究竟是表扬还是批评了其作品。并且,在没有用明确表明赞赏的时候,似乎他们一般就会觉得自己受到了批评。他们似乎是这样一种人,只要不是直接摆出一些诸如'真精彩''史无前例的表现''前进了一大步'之类的、谁都能看懂的赞美之词,就完全无法理解那文章究竟是对自己的认可还是否定。"

即便不是摄影家,也会有很多人认为被表扬才是最重要的。甚至可以说,倘若与人交往的时候一心只想着这个人是否在表扬自己或者说了什么令自己开心的话,那一般都会使人失望。

我在当希腊语教师的时候,遇到过这样的事情。由于这门语言学习起来并不容易,所以,初学者犯错也是理所当然的事情。但是,有的学生却非常在意老师的评价。

即便是弄错了，如果能靠自己的力量或者在老师的帮助下找出错误的原因，对无法理解或者理解不到位的地方重新去学就好，但那些害怕评价的学生也许会去看解答集。由于我采用的教科书不带解答，所以学生没法去看解答集，但为了给老师留下好的印象并尽可能不出错，或许会去做找解答集之类的事情。一旦学习不是以掌握知识为目的，而是志在获得好评的话，就会发生这样的事情。

也有的学生选择不来上课。因为，如果不来上课，当然就能够回避被评价这件事。但是，倘若不来上课，学习就会落下，下次再来上课的时候就会学得更吃力。如此一来，就无法从教师那里得到自己所期望的评价。于是，最终就会放弃拿学分。我感到遗憾的并非希腊语不是必修课这一对学生而言可以说是退路的事情，而是有的学生明明有能力，却为了不让作为教师的我认为其是一个学不会的学生而不来上课。

第1章
丧失的勇气

有的学生虽然来上课，但为了不被认为是学不好的学生，也会采取一些办法。这个方法就是对于老师的提问一概不予回答。的确，无须考试，听一听学生的翻译，老师就能明白学生的能力。因此，当被要求翻译的时候，学生认为如果给出了错误答案，自己的评价就会下降，这一点是对的。当我询问了沉默的学生，其回答说：

"我认为一旦我（实际上）回答错了，老师就会认为我是学不好的学生。但我却不希望被老师那样看。我想让老师认为我只是偶然答不出这个问题，实际上我能学得会。"

也就是想要保留一种能做到的可能性。为了不让作为教师的我认为其是学不会的学生而如此费尽周折（在我看来是这样），对此，我感到非常遗憾。倘若用阿德勒的话来讲就是：我希望大家都拥有"不完美的勇气""失败的勇气"。

这样的事情如果仅仅发生在学习中倒也还好，但倘若在生活中也害怕他人的评价，那就会活得很艰难了。因为，这种人无论做什么事的时候，都无法独自判断应该怎么做，会不断依靠他人进行判断。并且，我认为这种做法的问题在于，依靠他人进行判断并不是为了顺利推进某件事，而是因为害怕自己的判断导致事情进展不顺利的时候他人对自己的评价会有所降低。重要的是我们即便出了差错，最终也学到了知识或者完成了某些事。所以，他人怎样评价并不重要，但还是会有人将本应由自己决定或者只能由自己决定的事情交给他人来判断。

并不是评价本身有问题，因为我们对任何事情都会有评价。我们为了获得应有的评价，会做出相应的努力，但如果害怕评价的话，我们根本无法生存。有一点希望大家注意，这里所说的评价是指对课题本身所做出的评价，而绝不是对人格的评价。如果学生出了错，我会对其进行纠正并打分。但是，如果使用

第1章
丧失的勇气

前文学生的话来讲,即便因为成绩不好而给出"没学好"之类的评价,也并不是将其视为"学不好的学生"。关于这一点的混淆将会挫伤学生致力于课题的勇气。

像这样害怕被评价往往是赏罚教育所致。父母或教师常常会表扬孩子、学生。的确,听了这种说法之后,很多人的反应就是:表扬做出妥当行为的孩子,哪里就不行了呢?!如前所见,表扬存在若干个问题,在这里我想要再强调一点,那就是,表扬会让孩子过于期待他人的赞赏。

遗憾的是,未必大家都会表扬你。明明这么努力了,为什么就不表扬我呢?抱着这样的想法,有时我们就会去责怪不表扬自己的人。并且,如果不被表扬的话,就会想要放弃做一些妥当行为。

人生并不单单只有舒适面

阿德勒常说,我们不仅仅要享受人生的舒适面,也要接受其不愉快的一面。

"悠然自得地活在这个地球的人会确信,不仅仅是人生中的舒适之事属于自己,不愉快的事情也属于自己。"

后文我会分析可能引起人不安情绪的人生困难,但阿德勒不仅不认为其一定会令人不安,甚至还说"要放松心情"。阿德勒经常说,要在这个地球上或世界中悠然自得地活着。与此相反的就是"身处敌国之中"这种表达方式。

第 1 章
丧失的勇气

"的确,这个世界上会有邪恶、困难、偏见。可那就是我们的世界,那些好处和坏处都是我们的。"

即便是有邪恶或困难,也并不是身处敌国,为了能够在这个世界上悠然自得地活着,就必须视他人为"同伴",而非敌人。至于为什么如此,后文我会详加分析。

在这一点上,父母的影响也很大。

"父母应该尽量避免极端化地跟孩子谈论世界,既不要将世界说得太过理想化,也不要用悲观性的语言去描述世界。"

父母如何看待世界,这会对孩子造成影响。

人生有无法回避的课题,致力其中并不容易。因此,有的父母会想要尽力排除困难,以便孩子不遭遇难关。倘若认为在人生的早期阶段突破了入学考试这一难关就能轻松度过之后的人生，那就错了。或许父母也很清楚根本不可能有这样的事情。因为，人生中还有很多升学考试所没法比的困难在等着我们。只要早期辛苦一些，后面就不用再辛苦了，这或许是父母的一种错觉。

并不仅仅是课题难度的问题，这里还有另一个问题。有些课题只能由孩子自己依靠自身的力量去解决，结果只会落在孩子身上，其责任也必须由孩子自己承担。我们称这为孩子的课题。学习是孩子的课题的典型，即便是父母也没法替孩子完成这一课题。对此，阿德勒说道：

"父母的课题就是引导孩子尽可能地为人生做好准备，以便他们能够独立完成自己的事情。"

怎样才能做好那种准备呢？世界的确不是蔷薇色的理想乐园。有的孩子被教导说现在辛苦一些以后就轻松了，而且最终也成功闯过难关，考上了大学。但是，

第 1 章
丧失的勇气

进入大学之后很快就会发现接下来还有其他考试在等着自己,如果不好好学习根本考不过。

听到我说是否参加初中考试应该由孩子自己来决定,作为考生父母的朋友所说的话给我留下了深刻印象。那个人平日经常听我讲话,因此非常理解我说的事情,但听到我说在应考时期学习不是父母的课题而是孩子的课题,我的这位朋友却坚定地说父母(不是孩子)对于孩子应考这件事丝毫不能"松懈"。

倘若像这样,父母毫不松懈,不被孩子人生中的其他可能性所"迷惑",孩子也专心学习,顺利通过考试的话,那样的孩子在以后的人生中就不会认为人生不如自己所愿了吗?即便再怎么努力,这个世界上还是会有自己力所不能及的事情。我认为那样的孩子也许只是还没有意识到这个事实而已,也不知这是幸运还是不幸。

父母能够帮孩子做的人生准备并不是这样的事

情。父母只需要去引导孩子自己致力于自己的课题，一旦父母想要去做超出这个范围的事情时就会出问题。也许有人会说，自己就是在帮助孩子自立。但是，倘若是"让"孩子自立的话，孩子就并不是自立，而是"被迫"自立。这种自立实质上仍然不是自立，而是"他（父母）立"。

与上文相反，父母还必须避免用悲观性的语言去描述世界。孩子听了那样的话也许会产生恐惧感。父母或许也想要尽量避免让孩子自己去面对人生困难。

"没有被教导过要直面困难的孩子也许就会试图避开所有困难。"

对于一下子从被母亲守护的世界走到外面去的孩子来说，外面的世界简直就是"敌国"。与其说那是事实上的敌国，倒不如说那是脱离了一直以来父母人为营造、事事由父母包办的温室环境后孩子对现实世界的认知。

第 1 章
丧失的勇气

出于这样的原因,孩子就会不愿去直面自己的课题,继而离自立越来越远。因为面对困难是不可避免的事情,所以,即使困难再艰巨,父母为了孩子也不能代替其完成课题。

解决人生课题虽然很困难,但并不是不可能。父母能为孩子做得最好的人生准备既不是替孩子完成课题,也不是让孩子看淡致力课题这件事,而是让孩子认识到,致力课题虽然困难,但其自己也有解决人生课题的能力。

因为期待过高而容易对人生失望

有时我们会遇到声称自己在人生中从未遇到挫折也从未失败过的人。进一步询问才发现其要表达的意思是从没有发生过不如自己所愿的事情。上了自己理想中的学校，找到了自己喜欢的工作，经济上也没有过什么不自由，又能够与自己喜欢的人结婚等。但是，那样的人倘若经历点不顺之事，例如，虽然就职了但却干不下去，或者，虽然结婚了但却并不美满，又或者，孩子厌学不去学校之类的事情，他们就会认为那是重大失败和挫折。实际上，这都是些小事，也并不是什么无可补救的事情，但一直认为自己的人生很顺利的人却往往会被自己面对的沉重课题给打垮。困难是人生中不可避免的事情，但怎么去理解或对待这些困难，却因人而异。这虽然由我们自己决定，但父母的应对方式还是会对我们产生影响。

阿德勒说：有的人"因为期待太高而容易对人生失望"。无论是什么课题，致力其中多少会遇到一些困难，而且未必总能顺利解决，此时就必须依靠我们自己的力量去面对。即便是付出了这样的努力，我们依然会有一些课题无法完成。

第 1 章
丧失的勇气

　　但是,那些认为即便不需要付出太大努力事情也会如自己所愿或者得到想要的结果,并且能平稳度过人生的人往往不会付出必要的努力,或者会将原本必须由自己解决的课题委托给他人去解决。那么,当他们的人生不如自己所愿的时候,就会感到失望。小的时候,会有父母替我们解决自己的课题。但遗憾的是,父母不会总是或者一直陪在我们身边。

　　人生中确实会遇到一些幸运的事情。但是,那种幸运不会一直持续下去。不仅如此,就像后文要看到的一样,人都逃不过衰老或疾病,并且也无法摆脱死亡。那些对人生过于期待并且也幸运地(或许很多人会这么认为)从未遇到挫折的人在面对衰老、疾病或死亡的时候究竟会怎么想呢?

　　在我看来,幸运不同于幸福。幸运在很大程度上依赖外在因素,而幸福却并不依赖外在因素。刚才提到的面对疾病之类的事情也许就会夺去一直活得很幸运的人的喜悦。这个问题我将在后面将进行分析。

虽然很努力但却失败了，这时候的挫折感确实会非常大。但是，就像阿德勒所言，"期待过高者"往往会因为自己的期待与原本应该为此付出的相应努力之间的差距太大而容易失望，并且，那种失望会很强烈。

对他人期待过高者

"因为期待过高而容易对人生失望"的人在讲"期待"的时候，指的是对人生的整体期待，但具体来讲也是对他者期待的意思。有的人"对他人充满期待，但自己却什么也不付出"。自己什么都不付出，却能得到他人的给予，用阿德勒的话讲，这样的事情只会发生在被娇惯者的虚构世界中。这种对他人的期待既是指期待他人替自己完成课题，也是指期待获得他人的评价并且是肯定性的评价。

遗憾的是，现实人生并没有那么美好。因为，即便对他人有所期待，他人也并不是为了满足自己的期待而活着。对他人有所期待的时候，倘若不明白他人并没有满足自己期待的义务，失望就会变大。

刻意营造优越感者

阿德勒说，有的人明明实际上并不优秀，却要假装优秀。不够优秀并不是问题，假装自己很优秀才是问题。这种事情常常源于太过在意他人的评价并想要去迎合他人的期待。试图通过做一些为了让自己看上去比实际更高大而踮起脚尖站着那样的事情来获得"成功和优越性"。

最初有的人这样做往往是出于在意他人对自己的看法，不久便会时常认为他人在关注并期待着自己，倘若无法从他人那里得到自己期待的关注和评价，就会更加受他人的评价支配。而且，明明没有人给自己提要求，自己也会提高对自己的要求。可是，一旦无法实现那种理想，就会在感情上责怪现实的自己。接下来还会将导致自己产生这种想法的责任归到他人尤其是父母身上。可这一切明明都是自己决定并源于自己的事情。

让自己看上去比实际上更优秀的优越情结不仅会让人不去克服本该全力去解决的自己的课题，还会导致人走上逃避课题的方向。阿德勒说，优越情结是具有自卑情结的人为了逃避困难而采用的方法。由于刻意营造优越感，一旦现实的自己太过背离自认为的他人对自己的期待形象，就会连努力变得优秀这件事本身都放弃掉了。或者也可以说，并不是这种背离让其放弃追求理想，而是为了放弃追求理想才会设定一个现实的自己根本达不到的理想。

阿德勒并不否定试图变得优秀这件事本身。但他不认同那种比起努力克服困难，更想要满足自己的野心，从而获得他人认可的个人性的优越性追求。

视他人为敌者

并且，这类人不仅会对那些不满足自己期待的人感到失望，而且还会将其视为自己的敌人。倘若我们将周围的人看成是一有机会便会陷害自己的人，也许就会去回避与那样的人产生关系，至少是不愿积极地与之打交道。但是，也有人并不去责怪周围的人，而是认为只要没有自己大家就都会过得很好。这种情况下，这样的人也会去回避与他人产生关系。

会视他人为敌，其中或许也有赏罚教育所造成的影响。因为，人往往很难去喜欢批评自己的人。很多情况下，斥责会伴随着愤怒情绪（我认为不可能存在不发怒而进行批评之类的事情），但阿德勒说这种愤怒情绪是一种会使人与人之间的关系变得疏远的情绪。

赞赏、表扬会让人变得不够客观。如果有人以自己希望的方式表扬自己，自己就会认为那个表扬者很好，也许还会拉近与那个人之间的距离，但却会将没有以自己希望的方式表扬自己的人视为辜负自己期待的人，并认为其不好。

第 2 章

找回勇气

获得勇气

如前所述,在人生课题面前,很多人会失去面对的勇气。人生课题的确很难,那么,怎样才能获得自信,相信自己能够解决呢?

对此,阿德勒说:"我只有在认为自己有价值的时候才能获得勇气。"

如果我们面对的课题很难解决,为了有勇气面对,也必须认为自己有价值。这并不是心里想着必须获得勇气或者被人鼓励说拿出勇气就能获得勇气。

阿德勒说,人只有在能够认为自己有价值的时候才可以获得勇气。那么,究竟怎么做或者在什么样的时候才能够认为自己有价值呢？

摆脱属性化

很多人都会非常在意他人如何评价自己，被人说好便十分高兴，被人说坏则会很难过、愤慨。那不是很奇怪吗？如果他人说自己不好，自己的价值就会因为那种评价而下降吗？恐怕不会吧。好与坏都只不过是他人的评价，不可能所有人的评价都一样。假如（之所以说"假如"是因为我认为不可能会有那样的事情）所有人都对自己做出否定性的评价，那也不会降低我的价值。这里所说的评价并不是对课题的评价，而是关于人格的评价。

反过来思考一下也能明白。如果他人对我们评价很高，我们的价值就会因为那种高评价而升高吗？恐怕

第 2 章
找回勇气

不是那样吧。我们的价值不会因为他人的评价而有丝毫降低或者升高。

在现实世界中,完全不在意他人如何想自己的人也很少。精神科医生莱因说:"他人对自己的看法未必真实,能够悟透这一点是很了不起的事情。自我认同,也就是自我认知,与他人眼中的自己并不一致,认识到这一点往往非常痛苦。"

我们要想办法消除这种不一致。那该怎么做呢?一是根本不要在意别人怎么看自己。在心理辅导中,有时我会因为患者的自我评价太低而想办法让其明白现实世界中存在与自己的看法不同的情况。假如患者知道了还可以那样看待自己的话,就能够改变自我认知。

据莱因讲:"被赋予某个人的属性会限定那个人并将其置于某种特定处境中。"莱因用"属性赋予"这个词来称呼这种现象。但是,A 对 B 的属性赋予与 B 对 A 的属性赋予可能一致也可能不一致。关于想要脱离开父母的孩子，父母会归属性地说"但妈妈知道你是喜欢妈妈的呀"。面对害怕被人不停地说喜欢的一位女士，某位男士丝毫不顾她的心情，满不在乎地说"我知道你也一直喜欢我"。这也是一种属性赋予。

并且，莱因还说，这种属性化也是一种命令。就上面的例子而言，父母对孩子、男士对女士都是在命令说"你要喜欢我"。问题就在于很多人会接受这种属性赋予，或者试图去迎合他人对自己的属性赋予。

自立需要勇气

所谓不去迎合他人，就是指不去迎合他人强加给自己的形象。那种形象很多情况下都是他人对自己的期待。但就像他人未必会满足我的期待一样，自己也不必去满足他人的期待。要尽量摆脱他人强加给自己的

第 2 章
找回勇气

形象，那样才能获得真正的自由。

自立并不单单指行动方面，也意味着摆脱他人强加给自己的形象，从而获得自由。但这么做可能会导致他人对自己产生不好的看法，或许有时还会被人讨厌。并且，也许有人并不希望那样。但是，假若存在不被任何人讨厌的人，一定是因为那样的人为了不被人讨厌而去迎合他人强加给自己的形象。为了获得真正的自立和自由，就得坦然接受有人讨厌自己这件事情，这可以说是自己活得自由的证明，也是必须付出的代价。

但是，仔细想来，或许他人对自己也并不抱什么期待，或许只是我们自以为他人对自己有所期待。就像前面写到的那样，我高中的时候希望英语老师认为我英语学得好。因此，我极其害怕得到老师的否定性评价。的确，我是那么想的，但并不清楚老师是否认为我是一个好学生。他人对自己并没有什么期待，接受这个现实，需要勇气。

当自己教的学生表现优秀的时候，我作为老师也的确会为此感到高兴。那本身或许并没有问题。但是，那样的期待有时确实会成为一种负担。如此想来，或许就连他人对自己并不抱什么期待这一点也可以不必去考虑，根本不用去管他人怎么看自己，才能获得真正的自由。

保持现状就可以吗

前面讲到既没有必要刻意让自己看上去比实际优秀，也没有必要去迎合他人的看法。但是，那样的话，是否就意味着保持自己的现状就可以呢？这里存在一个微妙而困难的问题。阿德勒说："如果娇惯孩子并让其处于关注的中心，可能会令孩子不做任何博得他人好感的努力,过分看重自己的存在价值,夸大自己的重要性。"

听到"做你自己就好"这样的话,有的孩子会认为即使什么都不做,自己仅仅存在着就可以。

关于这个问题,需要区分不同视角,必须弄清楚具体使用的语境。如果有人试图刻意让自己看上去比实际更好,或者为了引起他人关注而做出问题行为,那周围的人,例如家人,就应该对那个人说,不必那么做,保持现状、做真实的自己就可以。

为什么孩子会试图刻意让自己看上去比实际更好或者做出问题行为呢?那是因为父母总想要孩子变得更加符合自己的理想。这用前文的话讲就是属性赋予。父母如果赋予孩子"理想的孩子"这一属性的话,即使孩子再怎么努力,父母还是会用所谓的扣分法去看待孩子。虽说是满足父母的期待就可以了,但认为无法满足父母期待的孩子如果依然想要获得父母的关注,就会认为只能去做一些令父母头疼的事情了。因此，希望父母看到并接纳现实的孩子。倘若把我们的孩子想象为一张空白的答卷的话，那无论孩子做什么事情都能够以所谓的加分法去看待了。或者，我们也可以接纳孩子的存在本身，而不是其行为。以亲子关系为例，所谓保持现状就可以，是从父母的角度而言的，并非基于孩子的视角。

然而，从本人的角度来讲是否可以保持现状呢？有时人需要选择与当前不一样的生存状态。但是，如前所述，为了能够做到这一点，我们需要既不必刻意让自己看上去比实际更好，也不必去迎合他人对自己的看法。摆脱那样的固定形象和属性化需要具备一定的勇气。因为有的时候，人并非依照特定的人对自己的印象，而是世俗价值观对自己评价，进而导致无法接纳自己。这种情况下，我们就可以去质疑一下普遍被认为好的价值观了。

第2章
找回勇气

如果人今后会发生变化，那"现状"就是其出发点。即便不是着眼于改变自己身上的问题，而是着眼于改变现在的状态之后能够生活得更愉快的问题，我们也会主动去选择那种生活方式。写到这里的时候我慎重地选择了表达语言，读这本书的人也许曾不止一次地思考过是否应该继续保持自己当前的状态或生活方式吧。一旦劝其进行心理咨询，也常常会有人说自己没有任何问题。即便没有问题（没有问题是好事），也可以选择与现在不同的生活方式。正如阿德勒所说，预防比治疗更重要。或许也可以重新审视现在的生活状态，改变生活，以防止生病。

像上面这样进行思考的时候，人就不可以仅仅满足于现状。但是，前文也谈到了接纳真实的自己或者认可某人现状的必要性。两者的着眼点不同。也就是说，因为优越情结（那同时也是自卑感）而认为必须让自己看上去比实际现状更好的人评价自我的标准并不掌握在自己手里，而是掌握在他人手里。像这样，试图去迎合他人或者满足他人的期待,即便成为不真实的自己,也没有什么意义。因为,即便那种事情有可能实现,改变了的自己也已经不是真实的自己了。不管他人怎么说,都没有必要去满足他人的期待,因此,安心做自己就可以。

人一旦做回自己,或者能够找到真实的自我,那个人实际上便已经因此而接纳了与之前不同的生活方式。正因为如此,那个才能够懂得不必去迎合他人的看法。在这个时候,也就是接纳了与之前不同的生活方式之时,那个人便已经不是原来的自己了。

但是,如果能够做到既不去迎合他人也不在意他人的评价,那确实意味着发生了极大的变化。可仅仅如此的话,实际上也没有什么具体意义。即便不去迎合他人,不在意他人的评价,不为满足他人的期待而活,那是否就是说做什么样的自己都可以呢?如果是阿德勒,想必会给出否定回答。

第 2 章
找回勇气

关于责任

我在此分析了生活或者生活方式整体，接下来想要结合是否可以保持自己的现状这一问题，分析一下身体方面的疾病对我们的影响。

苏珊·桑塔格说："（与癌症或以前的结核不同）心脏病患者中没有人会试图隐瞒疾病。因为，心脏病发作并没有什么丢人之处。"也许并非如此。桑塔格还说："心脏病仅仅意味着作为机器的身体的脆弱、故障、挫折，没有什么可耻之处。"但与桑塔格所说的并不一样，今天，由于生活习惯病或代谢病之类词语的流行，心脏病似乎也在发挥着不好的隐喻作用。被冠以这种病名的患者必须开始背着沉重的负担生活。当得了心肌梗死的我将这件事情告诉一位熟人医生的时候，被对方说或许是因为我总是吃得太好了。当我知道有人会那么看之后，感到既震惊又沮丧。之后我就常常感到自责，觉得因为是生活习惯问题，所以，明明本来能够避免的，但自己却并没有为之付出努力。这种疾病实际上也有些案例并非由生活习惯引起，但这一点往往不被我们所了解。

但是，假设患病是源于生活习惯，假设患者被医生和家人指出生活习惯存在问题。不，也的确不能断言不存在那种因素，因此，一旦被人这么说，我们也许就会觉得是在责备自己做得不对。

即便人并不想承认，但倘若在继续不良生活习惯这件事上自己有责任，那这种责任又该如何去承担呢？显然，"之前的事情"根本无法挽回。但是，之后如果依然采取与之前相同的生活方式，恐怕还会发生同样的事情。也许人无法为过去的一切负责，但倘若生病之后了解到自己的生活方式有需要改善之处，就可

第 2 章
找回勇气

以认为责任自了解到的那一刻起便产生了。那之前的事情已经无法追究。或者，准确地说，是即便追究也没有太大意义。重要的是今后的事情。

即便不是刚刚谈到的身体疾病方面的情况，关于责任问题，或许也可以做同样的考虑。也就是说，关于过去自己的生活方式，现在即便被说有责任，实际上也无法去承担那种责任。当然，从他人或环境等方面去寻求责任也是错误的做法。如前所述，即便并非有意识地选择，但肯定也是做出了选择。即便那是一种无意识的行为，并非由其他什么因素来决定，那也是自己选择的结果。正因为如此，现在自己也能够重新下决心去修正。但是，尽管如此，现在再去追究其中的责任，作为实际问题，也并没有什么意义，这就是事实。尤其是像阿德勒指出的一样，在语言习得之前便被选定的事情相当难改变，也很难判断那样的事情是否能够去追究责任。

但是，人也并不会因此就能够完全摆脱责任。一旦了解了自己的生活方式，"那之后"，了解到的人便有了责任。阿德勒说："一旦成功说服一个人同意协作矫正（生活方式的）错误，是否能下定决心去做就全在个人了。"

并且，关于那些试图从自己所受的教育也就是曾经被娇惯或者被苛待之类的事情中去寻找当前问题责任的人，阿德勒也说了相同的话。

一旦了解到自己的生活方式，就无法再回到原来了。在自己选择今后的事情这个意义上，虽然过去无法改变，但未来一定能够改变。

第 2 章
找回勇气

认可自己的价值

再回到原来的话题。怎样才能学会认可自己的价值呢？前文已经提到，首先需要不去在意他人的评价。但是，那也并不是说成为什么样的自己都可以，倘若如此，又该在哪个方向上去寻求自己的应有状态呢？我开始思考这件事情是在阿德勒说了"我只有在认为自己有价值的时候才能获得勇气"之后。而为了获得勇气，也就是不去回避人生课题，我要勇敢去面对它。为此我需要在承认有时课题本身也的确很难的基础上，思考自己在面对课题的时候有没有刻意夸大面对课题的难度，以及开始考虑怎么做才能够认可自己的价值。

化缺点为优点

关于能否保持自己的现状这个问题，前文已经分析过了，我们只能从现在的自己出发。保持自己的现状或许不会一开始就一帆风顺。但是，我们既要认识到自己的不完美，也不要害怕失败。

性格也是如此。一个保守的人某一天突然变得开朗起来，这种事情即便不是没有可能发生，但也会很难。为此，我们不刻意让自己看上去比实际更好，这样做就已经迈出了认可自我价值的第一步。

为了能够认可自我价值，接下来我们可以做的工作就是重新审视自己认为是缺点的地方。当我每次与说自己没有朋友或朋友很少的人聊天时，我就会想起

第 2 章
找回勇气

自己高中时代的一次经历。那时，担心我没有朋友的母亲去找班主任老师咨询，结果，老师回答说"他不需要朋友"。母亲听了老师的话放心很多，从母亲那里听到这件事的我也惊喜地意识到对这个问题还可以有那样的看法。

认为自己不擅长处理人际关系的人往往会认为自己性格阴郁。但是，对自己抱有那种看法的人实际上是曾经被人说过不好听的话，并因此而感到不愉快。相反，自己却从未故意对他人说过难听的话。在做心理辅导的时候，每当我指出这一点，这类咨询者往往都会回答说"的确如此"。当问其是否总是会很注意自己的话会给对方带来什么样的感受这个问题的时候，一般也会得到肯定回答。于是，我就会说："也许你会认为自己的性格阴郁，但你却能够照顾到他人的心情，我认为这不是'阴郁'，而是'体贴'。"像这样，倘若能够重新审视自我，让光从不同的角度照射进来，我们难道还会接纳不了自己吗？

也可能会存在相反的情况。也就是说，曾经认为是优点的地方现在看上去却成了缺点。例如，关于他人，明明原来认为自己很喜欢对方的一丝不苟、规规矩矩，但如今却认为其是一个拘泥于琐事、啰哩啰嗦的人，或者，明明原来喜欢对方的胸襟开阔，而现在却觉得其是一个反应迟钝的人。之所以会发生这样的事情，是因为自身事先下定了不再与对方继续来往的决心。

关于自己，恐怕也是一样的道理。并不是因为讨厌自己身上的某一个特点而无法喜欢自己，而是首先有了不去喜欢自己的决心，才会试图在自己身上寻找能够让自己那样想的性格特征。并且，不认可自己，也是为了不必积极地搞好与他人之间的人际关系。

连自己都接受不了自己，其他人又怎么会对自己抱有好感呢？尽管如此，不喜欢自己或他人还是为了逃避人际关系，也是因为缺乏直面人际关系这一人生课题的勇气。正如阿德勒所言，发现自己的优点，也就是发现自我价值的时候，人才能获得直面人生课题的勇气。倘若如此，发现优点，或许能够成为改变人生方向的契机。

与他人的关系

如果视缺点为优点，或许很多人会说出相同的事情，但阿德勒接下来说的话引起了我的注意。

阿德勒说："我只有在认为自己有价值的时候才能获得勇气。并且，唯有自己的行为对共同体有益之时，我才能感到自己有价值。"

这是怎么回事呢？如前所述，本以为是缺点的事情一旦改变看法就能将其视为优点。并且，如果可以将性格中的保守成分视为体贴而非阴郁的话，就能够喜欢上自己。这的确如此，但究竟什么时候才能感觉自己有价值呢？是能够认为自己对他人有用的时候。相反，在只能认为自己没用的时候，就无法感到自己有价值。

这里提到的"对共同体有益之时"是怎么回事呢？作为一种观点，这里所说的共同体也可以是指两个人，因此，其意思或许就成了做出有益对方之事时。或者，如果将共同体这个词的意思理解为社会的话，还可以认为不仅仅是要对对方有益，还必须得对社会有益。不过，这里讲的共同体并非现实的共同体，这一点必须注意。对阿德勒来说，共同体是"无法达成的理想"，他从未在任何地方说过共同体是既存社会。这里所说的"共同体"是指自己当前所属的家庭、学校、工作单位、社会、国家、人类等一切，是指包含过去、现在、未来的所有人类以及生物和非生物在内的宇宙整体。

第 2 章
找回勇气

无论按照哪一种解释，我们可以断定的一点是，阿德勒并没有说单单去做令对方高兴的事就可以。倘若是那样的事情，说起来很简单，或许也能够做到。关于自己也是一样，阿德勒说，当自己的行为动机并非出于私利私欲，且认为自己的行为对对方或者对更加广泛的共同体有益的时候，人才能感到自己有价值。因此，仅仅是自我满足的行为还不够。可是，有时候我们也许会对自己做的事情感到无比开心，有时也许还会达到废寝忘食的程度。另外，在某种意义上来讲，或许任何事情都不会没有一点儿困难。即便如此，也不能因为难就中途停止已经开始的工作。正因为不是仅仅止于自我满足，我们才能够克服困难。

前文还提到了不要表扬。那么，有人就会问如果不表扬又能够做什么，对此，我会告诉其说"谢谢"就好。之所以说"谢谢"，绝不是想要对方在下一次还做出同样的事情，而是希望对方感觉自己起到了作用。因为，人只有感觉自己起到了作用的时候，才会感到自己有价值。

阿德勒说："唯有自己的行为对共同体有益之时，我才能感到自己有价值。"这里也存在一个微妙的问题，就像前面思考了我们是否可以保持自己的现状这个问题一样，要站在自己的角度，以实际有益为目标。但从他人的角度而言，要尽力帮助他人，让自己感觉到自己不是在行动上而是在存在本身上就对周围的人有用。说"谢谢"也并不是针对对方做了什么事，而是针对其存在本身，也就是活着这件事。虽然被这么说的一方不可以止步于即使什么都不做就能够获得认可这一点上，但表达感谢的出发点（不是目标点）确实针对的是存在本身，也就是自己活着这件事。

后文我们还会谈到衰老或疾病，如果不基于上面这一点去理解阿德勒所说的对共同体有益这件事，当自己由于生病而动弹不得的时候，倘若以自己有实际

第 2 章
找回勇气

作用来认为自己是有价值的为评判标准,那将无法感受到自己的价值。

话再说回来,为了能够感到自己有价值,又会涉及他人。在这里必须去思考人脱离了与他人之间的关系便无法生存以及需要与他人建立怎样的关系这两大问题。

人无法独自生存

在前文中我们了解了在意他人评价所导致的问题,在意他人评价或许就已经证明人必须活在与他人的关系之中吧。并且,人所致力的课题的实质内容就是人际关系,这一点也必须考虑到。

人无法一个人独自生存。用欧美近代语表达起来

无畏的勇气
"自我启发之父"阿德勒的生命哲学课

不太容易,人由于要与他人共处才会成为"人间"[一],一个人称不上"人间"。阿德勒说:"个体只有在社会性(人际关系性)环境中才会成为个体。"

人之所以无法一个人独自生存,就像阿德勒时常指出的一样,其中当然有"人是一种脆弱存在"这一因素的作用,但比起生物性因素,更大的原因还在于人的存在本质上就是以他人的存在为前提。

语言就是以他人的存在为前提。倘若人独自生存,也许就不需要语言了。假若有语言,那势必不是私人性的,而是公共性的。阿德勒下面讲的这个小故事就充分表明了这一点。

这是关于一个小宗教团体的故事。某日,预言者将信徒召集起来,告诉大家下周三世界将会终结。于是,信徒们卖掉物品,辞去工作,满怀期待地等着那天的到来。

[一] 日语中"人间"一词即"人"之意。——译者注

第 2 章
找回勇气

但是,星期三这天平安无事地过去了。星期四,信徒们都来找预言者要解释:"因为你,我们可倒了大霉了。丢掉了一切。逢人便讲星期三世界将要终结。大家都嘲笑我们。但是,我们还是坚定地跟人说这是打从未失算过的权威者那里听到的消息。可是,星期三已经过去了,世界不还依然在吗?!"

听了这些话,预言者说:"但是,我的星期三并不是你们的星期三。"

这个小故事的意思可以理解为语言如果只具有私人性意义的话,就不会被他人所明白。实际上,引用这个故事的阿德勒是想说所谓的私人性意义实际上并没有意义。只适用于自己的意义就等于没意义。

在引用了这个故事之后,阿德勒接着说:"像这样,预言者借助私人性意义来逃避批判。因为私人性意义根本无法被证实。"

无畏的勇气
"自我启发之父"阿德勒的生命哲学课

倘若预言者的"星期三"果真只具有私人性意义,也许就不会在信徒面前预言世界终结了。在这个时候,该意义并非私人性的,预言者与信徒共有相通的意义。并且,如果真如这位预言者所言星期三世界终结了的话,其作为预言家的名望就会愈加增高,或许这也正是其说星期三世界将会终结这一预言的目的所在吧。

但是,这个预言落空了。因此,预言者为了明哲保身就说其所讲的星期三是"私人性的"星期三,以此来逃开信徒的批判与责难。预言者这种不与他人共有的"私人性"星期三的解释显然并不合理。这个故事清楚地表明语言不可能是私人性的。

像这样,倘若人独自活着,就不需要语言。同样,如果是只有一个人的话,也不需要逻辑。但是,人一旦想要跳出自己的世界与他人来往,就不能使用只有自己明白的语言,而是需要使用与他人共有的语言和逻辑。

第 2 章
找回勇气

我刚刚说到"人一旦想要跳出自己的世界与他人来往",这种说法会引起误解,让人觉得人似乎也可以独自生存,但实际上那样的人也是与他人共生的,因为一开始人就是社会性的存在,根本不可能有离开社会或共同体独自生存的个体。关于这一点,稍后我会加以考察。

我与他人的关系

虽然人与人之间是相互联系的,但应该注意的是,尽管如此,个人的独特性、独立性在与他人发生联系的时候仍在维持。如果我和他人之间的距离或差异消失了,我与他人建立的联系也就没有了意义,也不会产生关系了。正因为彼此不相同,才会产生关系。之所以需要语言也是因为我与他人存在差异。我与他人本来就是异质的存在。正是与存在异质性但又不是完全无法相互理解的人的接触、对话和交流才会激发自己新的潜能。这便是邂逅的意义。

的确，在身体上，我和他人是一种相互分离的状态。但是，很多情况下我和他人在心理上是处于一体化状态的。例如，父母认为自己理解孩子的情况就相当于此。父母往往会说孩子的事情作为父母的我最理解了。但果真如此吗？

"理解"在法语中有"包含""涵盖"的意思。说我理解你的时候，就意味着我包含你。实际上，即便我认为自己很理解对方，但那个人仍然超出了我的理解范围。说我不懂这个孩子也许倒是一种实际情况。当父母说理解孩子，或者一般意义上说我理解你的时候，那意味着被理解（或将要被理解）的你"包含"在我的认知之内，但倘若你是他人的话，就不会成为这样的包含对象。

第2章
找回勇气

当父母说你的事情作为父母的我是最了解的时候，或者拿前文的例子来讲，明明孩子是想要脱离开父母，但父母却说我知道实际上你是爱我的来赋予孩子属性，对于这类父母，即便孩子身上存在超出自己理解或者无法包含的部分，他们看到后也会假装没看到，或者原本就不认为有那样的部分存在。在后者这种情况下，就是即便身体上相互分离，但心理上仍然处于一体化状态。

在这样的意义上，当他人并未超出我，而是存在于我之中的时候，就会被理解为他人会顺从我的意愿，不允许对方脱离开自己。这种事情不仅会在对孩子具有支配性的父母身上看到，也适用于我们的人际关系整体。从孩子的角度来说，人和人之间的关系并不是一体化的，相互独立才是其本来状态。因此，孩子反抗父母，或者是寻求自立，虽然有时会在方法选择方面存在问题，但也可以说是好事。

实际上，他人并非被包含或存在于我的世界之中。因此，并不是我对他人做什么都可以，实际上，也不能那么做。反而，也有些时候，他人会挡在我的面前，阻碍我的去路，绝不会完全顺从我的意愿。

正因为如此，就像阿德勒所言，"人的烦恼皆为人际关系烦恼""归根结底，我们的人生中看上去似乎并无人际关系以外的问题"。

人与人之间的联系

但是，他人并不单单只是否定性地介入我的世界，我也可以借助与他人之间的关系来发现自己。关于我和他人的关系，现代的很多哲学家都考察过，我从八木诚一的正面构造理论中学到了很多。据八木诚一认为，如果用图来表示人的存在状态，那么个体可以用

第 2 章
找回勇气

四角形来表示,但这个四角形中四条边中的一条边不是实线,而是虚线。这条虚线处是向他人敞开的,人在这里与他人接触。但是,他人也可以用四角形表示,同样,其中的一条边也是向他人敞开的虚线。也就是说,我无法离开他人独自生存,而赋予我活力的他人又被另外的他人所激活。

在这种虚线处,人与他人相接触。但另一个要点是,在这条线(或许也可以称之为面)上,我(A)作为他人(非A)的一条边或者一个"面",是他人的一部分。像这样,人就必须向他人敞开,并将他人的一个"面"同化为自己的一部分。人将自己的"面"给予他人(授予"面")时,也将他人的"面"同化为自己的一部分(同化"面")。如此,倘若用八木诚一的话来讲,人并非被表示为一条边是虚线的四角形的个体,而是通过与他人接触得以四边闭合,虚线变为实线,继而由个体变为存在者。

像这样，人从一开始便不是个体意义上的人，而是"人间"这个词所表达的意义上的人。如此，人与人之间的关系就会成为A→B→C……这样的模式，并最终形成圆环构造（A→B→C……A，字母代表"个人"）。"→"的意思就是A不会只作为A而完结，"A→B"则表示A的存在要有赖于B。那个B的存在也要依赖C，C的存在则又会去依赖D。并且，理论上来讲，这会成为一个圆环结构（A→B→C……A）。例如，婴儿要依赖母亲而存在，但其母亲如果只有自己的话也无法存在。这位母亲可能要依赖自己的丈夫存在，也或许要依赖自己的母亲而存在。并且，丈夫和母亲又要各自依赖其他人存在。如果将这种依存关系简单加以表示，那会是一个圆环，但实际上也许会成为球形。这或许就相当于阿德勒所说的共同体吧。

如果就行为维度来讲，虽然我给予B，但并个知道B是否会给予我。可是，与B的意志无关，我会从其存在本身（不是从行为方面）有所收获。拿前文举过的例子来讲，卧病在床的患者（B）即便在行为角度无法给予A，但A依然能够因为B的存在而有所收获。

八木诚一以婴儿和母亲的关系为例来说明"面"的交换（A授予B"面"，B借由A实现"面"的同化）在互相爱对方的时候便可以顺畅进行，但倘若是阿德勒的话，也许会说如果人和人之间相互联系就能顺畅进行"面"的交换。这种人与人相联系的状态，阿德勒称之为共同体感觉。

自我中心主义

然而，如果人和人相对立的话，"面"的交换就不容易进行。尽管如此，为了能够将人与人之间的关系视为对立，就必须以他人的存在为前提。因为，如果是一个人的话，连对立也无法形成。

但是，如果依照八木诚一的说法，有人会认为个人有可能脱离开与他人之间的关系而独自存在。并且，尽管如前所见，人的存在仍然要依赖于他人，但也有人认识不到这一点，觉得从他人那里获得帮助是理所当然，只知道关心他人会为自己做什么。阿德勒称这种状态为"固执自我"，并说其是个体心理学的中心批判点。固执自我的人往往试图将他人内在化，并不认为他人有着与自己不同的想法和感受。并且，他们不会视他人有着独立于自己的人格，认为他人应该按照自己的意愿行事。

对于这样的人来说，自己就是世界的中心，世界是在围着自己转。当然，他们也喜欢能够为其带来那种感觉的环境，不愿从中走出去。阿德勒在说明患有广场恐惧症的这类人时认为，与其说他们是害怕到不认识的人中间去，不如更准确地说是害怕认识到一旦到外面去就不会再有人关注自己这一事实。

第 2 章
找回勇气

整体的一部分

这样的人往往认为世界充满危险,他人都是敌人,因此不可以到外面去。如果是在自己受保护的环境,则想要留在那里。这就好比是被娇惯的孩子躲在母亲的围裙后面。

但是,这样的孩子如果能够明白这个世界并非危险之境,感到那里有自己的位置,获得归属感的话,也许就会向世界踏出一步。因为,这种归属感是人最基本的欲求。阿德勒说,一旦惩罚孩子,就会令其愈加感觉学校没有自己的位置。这里也有惩罚或批评孩子之类的教育的弊害。阿德勒使用了"整体的一部分"这一说法,能够感到自己是整体的一部分就是具有归属感。

可是，无法找到这种归属感的人，就会试图用不恰当的方法去共同体中寻找自己的位置，或者是认为只要没有自己，其他人也许就能过好。即便到了那种程度，实际上，人也无法脱离与他人之间的关联。

给予和获得

像这样，倘若人的存在不能脱离与他人之间的关系，那么，一旦将他人从自己的世界中剥离开去的话，人也就无法活下去。这样的他人与我之间究竟处于一种什么样的关系之中呢？这是接下来我要讨论的问题。

前文已经分析过"对他人充满期待，但自己却什么也不付出"的人。阿德勒则与此正相反，他认为应"对他人不抱期待，自己主动付出"。

第 2 章
找回勇气

　　这种想法源自其与作为人与人集合的世界之间的关系。如前所见，阿德勒认为，人的确属于世界，是世界的一部分，但却不是世界的中心。或者，也许还可以这么说，人一旦离开他人便无法生存，人属于这个世界，是这个世界的一部分，但却并不位于世界的中心位置，因此，并不能将从世界、他人那里获得视为理所当然之事。

　　如果用前文的符号来表示则为：必须是A→B，但却不要求A←B。在前文分析的赞赏方面的问题中，在表扬中长大的人往往会期待被表扬，倘若无人表扬自己的行为或者不能得到自己想要的赞赏，甚至会想要放弃采取妥当行为。我们不应如此，不可对他人抱有太大期待。与此同时，我们应尽可能地去获得贡献感。如前所见，什么时候才能感到自己有价值呢？在能够感觉到自己不是毫无用处，而是对某人有用的时候（即便是并未获得他人的感谢），或许才可以感到自己有价值吧。阿德勒说唯有自己的行为对共同体有益之时才能感到自己有价值，也是上文这个意思。

前文谈到不要去表扬，而要说"谢谢"，这是因为希望对方获得贡献感。其他人也可能不对自己说"谢谢"，但这也没办法。这样的事情也许会被认为不太公平，但即便是那样，由于自己的存在必须以他人的存在为前提，所以我就需要给予他人。

在行为角度或者所谓的日常角度，不管是否存在 A ← B，我都要做到 A → B。这就是"对他人不抱期待，自己主动付出"的意思。通过这样去给予，人就能够认可自己的价值。

他人是同伴

但是，如果视他人为敌，就不会想要去贡献。为了能够为他人贡献或者做一些对共同体有益的事，就不能视他人为敌，就不能认为他人一有机会就想要陷

第 2 章
找回勇气

害自己,而需要认为他人不是自己的敌人而是"同伴"。希望大家认识到他人并非随时会伤害自己或者一有机会便想要陷害自己的可怕之人,而是如果自己有需要会随时准备帮助自己的友人。不过,人并不是一定就会得到他人的帮助,他人也没有帮助自己的义务。

可是,要想能够这样去看待他人,需要一定的勇气。的确,很多人会说,即便是通过改变看法能够接纳自己,但要同样去接纳他人却是一项极难的工作。

前文提到在不害怕他人评价这个意义上我们要实现自立是需要勇气的,为了做到这一点,只要下定决心不去在意他人的看法、活出自己就可以。如果难以做到这一点,那至少也需要能够认为他人未必会对自己抱有否定性看法。当认为别人一定会把自己往坏处想的时候,就无法将那个人视为阿德勒所说的同伴。

并且,即便对他人不抱有期待,但实际上也要去留意他人的给予。也就是说，A←B这样的关系只有当B意识到的时候才会成立。当然，即便B意识不到，它也会成立。后者在考察是否可以保持自己的现状这一问题时已经分析过了。关于他人，不要去盯着其行为，而要去欣赏其存在本身。以父母对孩子为例，无论孩子是一种什么样的状态，父母都会完全接纳孩子。从孩子的角度来讲，虽然清楚自己目前的状况不好，但也知道尽管如此，那样的自己不是在行为的角度而是在存在的角度也会被父母接纳，这能够成为孩子摆脱目前状况的巨大动力。从父母的角度来讲，即便自己做的事情没有得到孩子的回报，也不管孩子是一种什么样的状况，都可以从孩子存在本身这一角度有所收获。

这种事情并不容易做到，即便是父母恐怕也未必能够轻易认可孩子，就更加难以指望不是父母的他人都看好自己了；即便是只有一个人认可也好，知道有人认可自己，也足以改变那个人的人生。以在诊疗中

第 2 章
找回勇气

殴打了阿德勒的那位男性患者为例,对于被殴打这件事,阿德勒丝毫没有回避,就那样任其殴打自己,这或许令那名患者大感意外。但是,这个经历也许就成了那位男性患者改变对他人看法的契机。

我清楚地记得自己在接受了冠状动脉搭桥手术之后不久,和主刀的中岛昌道医生之间的这样一段对话。

"我亲自为父亲做了手术。"

因为多次听人说医生不能为自己的亲属做手术,所以,我对中岛昌道医生说其亲自为自己的父亲做了搭桥手术这件事感到很吃惊。

"您父亲动手术的时候是多大年纪啊?"

"八十岁。"

我问中岛昌道医生在为父亲做手术时是什么样的感受。

"很轻松啊。您想想呀！我只担心我自己就可以了。但是，在为您做手术的时候，我担心的却并不只有您的事情。您夫人的脸，儿子和女儿的脸都会浮现在我的脑海中。还有您兄弟姐妹的脸以及您父母的脸也会出现在我的眼前。在这一点上，我为自己的父亲做手术时会感觉很轻松。"

做过几千次手术的中岛昌道医生原来并不是在为我的"身体"做手术，认识到这一点之后，我既震惊又惭愧。在知道中岛昌道医生做手术时是那样地为我着想，不禁心生感动。

并非在为我的身体做手术，关于这一点，可能需要稍微说明一下。如前所见，人是社会性的存在，不可能有脱离他人而存在的"人"。我在治疗的过程中接受的全身麻醉让我无限接近假死状态，还会抑制呼

第 2 章
找回勇气

吸,并且还使用了肌肉松弛剂,甚至还使用了人工心肺装置来抑制心脏跳动。即便如此,据说在手术中,由于疼痛,有时也还会出现麻醉失效的状况。因为手术中人丝毫不能动弹,所以要进行麻醉。如果不这样做的话,人不会成为静止意义上的"身体"。虽然是在那种状态下接受手术,但中岛昌道医生并不是在为被抽离出人际关系之后抽象化的"身体"做手术。

即便是由于全身麻醉而"身体化"了的我,那个身体,倘若用八木诚一的话讲,其依然是将我的人格呈现给他人(此处是主刀医生)的一个"面"。就像婴儿要依赖母亲生存一样,我已经被全面委托给他人。这虽是一种极端的形式,但也可以说其展示了人的存在状态,也就是,自己无法仅仅依靠自己来走完一生,必须依赖他人而存在。并且,那种他人并非敌人,而是与完全无力的我相对的同伴。

与他人协作

前面讲到阿德勒说不仅仅要享受人生的舒适面，也要接受其不愉快的一面，继而还说那样的人不仅会勇敢面对自己的问题，即便是他人的问题，也会努力协作试图解决。我的存在并不会仅仅依靠自己来完成。我需要依赖于他人而存在。但是，仅仅认识到这一点并不够，还需要与作为同伴的他人和谐相处；不仅从同伴那里获取，还要懂得回报或者为同伴做贡献。如前所见，据此可以感到自己有价值。

阿德勒说："人的一切生存问题都要求协作能力及其相关准备。"这正是共同体感觉的象征。此处谈到共同体感觉，大家应该能够理解。人不可能脱离开与他人之间的关系独自生存，必须与他人共生。那种时候，

第 2 章
找回勇气

我和他人并不单单是存在着,我会与他人互动并进行协作,就像阿德勒用来表示共同体感觉之意的另一个词所表达的意思一样,共同体感觉就意味着人和人相联系。阿德勒还说过,勇气和幸福就包含在这种倾向之中,也就是包含在共同体感觉之中。本书一开始,介绍了一名接受阿德勒治疗的男性患者的例子,其中引用了"勇气是共同体感觉的一个方面,明白个体心理学这一真理的人也许会理解这位男性的变化"这句话,正好与此相契合。

哪个都不能缺

像这样,为了能够觉得自己有价值并可以接纳自己,就需要感到自己对他人有用。当能够产生那种感受的时候,就能认为这样的(我认为很好)自己也有优点。但是，为了能够对他人有用，就不能视他人为敌。因为，倘若认为他人是自己的敌人，也许就不会想要对他人有所助益。能够视他人为同伴，能够感到自己对同伴有用，并能因此而接纳自己，这几点都很重要。

相反，视他人为敌的人往往会不愿与他人来往，如果不与他人来往，就无法获得贡献感，难以认为自己有价值。如此一来，就会愈发不去积极面对人生或者世界。

在这里，倘若要注意两点的话，第一点就是为他人做贡献并不意味着要牺牲自己。有的人无论什么事都会想得很极端。给予是一项非常重要的素质，但不可以过度。阿德勒说："人如果想要真正对他人抱有关心，并为了公共目的而努力，首先必须能够照顾好自己。倘若给予具有某种意义的话，那自己首先必须拥有能够给予他人的东西。"

需要注意的第二点就是，我在这里使用了感到对他

第 2 章
找回勇气

人有用这样的表述方式，并且，前文也的确提到不能过度安于自己的现状。即便是关于自己，也要能够认识到即使我们不做什么特别的事情，自己的存在本身就已经对他人有所贡献了。

如前所见，不是在行为层面，而是在存在层面上，A → B 与 A ← B 都是作为人的本来状态而成立的。关于 A ← B，前文已经分析过了。对我（A）而言，无论 B 是否意识到，或者即便看起来 B 在行为角度并未对我有所给予，A ← B 都会成立。不仅如此，无论我（A）是否认识到，自己其实都在从他人那里获取。即便没有在行为角度具体实现 A ← B，或者无论我（A）是否意识到，其实都在从 B 那里获取。当然，这种说法在某种意义上听起来有失谦虚。

关于 A → B，也是同样的道理。就像后文考察疾病时要分析到的一样，希望大家认识到一点：即便认为自己在行为角度无法对他人有任何给予，但在存在角度也会对他人有所给予。

之所以这么说也是因为当人衰老或生病的时候，往往无法再继续通过某些实际行为做贡献。即便是那样，哪怕躺在床上动弹不得，也应该感觉自己有用。那也完全不同于不愿改变目前状态意义上的对现状的肯定。即便什么都做不了，也能够保有贡献感，要达到这种心境，需要一定的勇气。因心肌梗死住院的我被要求保持绝对安静。就连在床上翻个身，也不可以自己一个人进行。一切都要从头开始。那期间，我必须麻烦他人。那样的我还能有什么贡献呢？

某日，我想到了这样的事情。照顾我的人也许会因此而获得贡献感吧。认为自己净是给周围的人添麻烦，或者觉得就连护理以及探望都会让周围人感到麻烦，这如果用之前使用过的表述来讲，也许就是不将他人视为同伴。我想起自己曾长时间守在母亲的病床边。由于是在医院，主要的事情都是由医生、护士来做，

第 2 章
找回勇气

我仅仅只是照料一下日常生活，因此，也并没有做什么称得上是护理的事情，但还是稍稍懂得护理病人的辛苦。所以，也知道不能将护理病人这件事情讲得那么轻松。回想起来，守在因脑梗死卧病在床的母亲身边，照顾其洗漱或者上厕所，常常忙到深更半夜，这非常考验我的体力，但却让我有一种对母亲有用的感觉。自己生病的时候，我就在想或许是生病的自己为他人提供了能够体会贡献感的机会。这样写有关自己的事情，虽然有些犹豫，但我还是希望那些需要周围人帮助的人能够这么去想。关于病人能够做出什么样的贡献这个问题，后文讨论疾病的时候还会进一步思考。

阿德勒说，有的孩子过分看重自我，认为自己仅仅存在着就很重要。这种情况属于娇惯孩子让其处于关注中心所致，也许并不适用于刚刚举出的情况。虽说如此，阿德勒的确也指出了生病时一般会被忽视的一种情况，那就是，孩子生病期间往往会产生一种"可怕的娇纵"。这种时候，孩子能够处于关注中心的记忆总是挥之不去。明明医学上已经没有任何问题，但病情有时却会复发。因此，阿德勒指出，生病期间也一定要注意，千万不能让孩子丧失自立精神。此处要讲的问题是病人在促进周围人产生贡献感这个意义上会有所贡献，即便什么都不做也是在做贡献。这种情况要与那种即便什么都不做，也依然希望自己能够处于关注中心意义上的娇惯问题区别开来进行思考。

摆脱自我中心主义

那么，倘若想要抱着仅仅存在着就能做贡献这样的想法去跟人交往并对人有所给予和贡献的话，具体应该怎么做呢？对此，阿德勒说："社会生活中最重要的是要忘记自己，考虑他人。必须得用他人的眼睛去看，用他人的耳朵去听，用他人的心去感受。对于想

第 2 章
找回勇气

要做的工作必须全力以赴。那种时候,不可以想着自己得被人看成重要人物。不要只是谋求获得、被认可,还必须去寻找给予和贡献的机会。可以说,这样的态度与好的女主人心态很相似。只要客人过得开心,男主人或女主人就会感觉很幸福。"

阿德勒首先说的是要忘记自己,考虑他人。所谓考虑他人,就像接下来说到的"必须得用他人的眼睛去看,用他人的耳朵去听,用他人的心去感受"一样(这是阿德勒喜欢的共同体感觉的定义),所谓考虑他人就是要摆脱"倘若是我"之类的思维方式。的确,很多时候,我们只能依靠自己的看法和感受去推测、理解他人,但这么做常常会令自己陷入前文提到的属性化模式。

为了理解他人,需要去改写自己熟悉的故事。也就是说,不是依照自己的视角去解释对方的视角,而要常常努力让自己的视角去适应对方的视角。实际上，现实中我们往往只能依照自己的视角去理解问题，因此，让自己的视角去适应对方的视角，这在某种意义上甚至可以说是不可能的事情。可是，归根结底，虽然听起来有些难懂，但人总是要从不懂的地方出发，这一点将有助于我们理解他人。倘若你从容易懂的地方出发，也许就连误解也不会注意到吧。

因此，需要置身对方的立场去理解。也就是说，虽然只能从"如果是我会怎么做"这样的思维出发，但还是要尽可能地调动想象力，站在对方所处立场，努力去理解。

像这样，置身对方所处立场，不夹带自我式的理解，能否成立暂且不论，但我们要努力让自己站在他人的视角，并从那个视角去理解他人的看法、感受以及行为。这就是"必须得用他人的眼睛去看，用他人的耳朵去听，用他人的心去感受"这句话的意思。

接下来，阿德勒还说："不要只是一味地谋求获得、

第 2 章
找回勇气

被认可,还必须去寻找给予和贡献的机会。"严格说来,这里应该换成"不要想着获得、被认可"。因为,获得或者被认可,终究只是一种结果,实际上,也有可能一无所获或者不被认可。尽管如此,阿德勒说,人依然还是要去贡献。

坚持那样做,我们自然而然就会从他人那里有所收获。说这不可能的人首先要主动去这么做。因此,阿德勒建议我们要以男主人、女主人对待客人那样的态度去对待他人。

阿德勒举出的这个例子可能会被认为有些特殊,但大家或许会明白阿德勒举出这个例子的意图。当孩子提出要帮父母做什么事的时候,虽然有的事情并不需要孩子帮忙,但如果考虑到上述情况,只要那不是明显超出孩子能力范围的事,就最好不要去剥夺孩子做贡献的机会。但父母有时会认为比起由孩子来做,自己做更快,或者觉得孩子做不好了之后还得由自己进行善后。

孩子也会在帮助大人做事的过程中体会到一个道理,那就是,当自己被人依赖或者求助的时候,如果欣然接受,就能获得一种意想不到的贡献感。如前文所述,人在感到自己有用的时候就能接纳那样的自己。

首先要量力而行

如果可以的话,希望大家不要去依赖别人,自己的事情自己做,但实际上,我们做不到完全不去寻求帮助。"我尽量不去求人"之类的观点也许是正确的。自己能做到的事情尽量自己去做。但是,如果他人向自己寻求帮助的话,就尽可能地提供帮助。世上的人即便不是全部,只要多数人这么想的话,这个世界也许就

第 2 章
找回勇气

会发生巨大的变化。

人生有许多无法回避的课题。那些课题需要我们依靠自己的力量去面对和解决。但是，也确实存在一些依靠自己的力量怎么都做不到的事情。遇到这样的事情，我们就可以向他人寻求帮助。不过，即便他人帮助了自己，那也是他人出于好意，而不是义务。所以，轻易期待他人帮助的人往往会失望。

把握其中的平衡并非一件简单的事情，但有的人什么问题都独自承担，结果仅仅依靠自己的力量什么也做不好，最终陷入困境。我在以前工作的医院所使用的电脑有时会死机。由于这台电脑是用来开药方的，所以，一旦出现死机状况，马上就会影响业务进展。因此，每当遇到这种情况，我都会拿出使用说明手册，努力对照着使用说明进行修复，但看到我这么做的院长却提醒我说还是打电话问问其他精通电脑的人更省事也更快捷。我认为院长的判断是正确的。有一次，由于我要进行演讲，所以提前通知了朋友演讲的时间和地点，但那一天朋友始终都没有出现。事后问起这件事，朋友说他不知道会场在哪里。不会问路的人并不只有我自己。当然，这种情况下向人求助并不是什么丢脸的事情。

阿德勒在论述"同伴"的时候说，同伴既乐于帮助他人，又会在遇到力所不能及之事时欣然接受他人的帮助。当前面对的课题究竟是能够依靠自己的力量克服的，还是已经超出了自己的能力范围，这有时会很难分辨。自己力所能及的事情希望大家自己去做，但如果换一个角度来讲，向他人求助也可以使被求助者通过提供帮助而获得贡献感，这一点前文也已经分析过了。

第 2 章
找回勇气

面对困难课题

有时候，课题本身确实存在着一定的难度。那样的事情即使做不到也并不丢人。即便是遇到他人能够轻松做到但自己却做不到的事情，也不必太过在意，只要努力去克服就可以了。当下做不到，这件事情本身或许并没有任何问题。

但是，即便如此，课题的难度并不能被客观地加以判断。如果不能拿出直面课题的勇气，什么样的课题都会觉得困难。阿德勒提到的具有优越情结就是其中的一种情况。如前文所述，具有优越情结就是试图让自己看上去比实际更优秀。这种优越情结实际上只是自卑感的另一面。这种情结最终只会让人逃避挑战课题。如果将一切都置于可能性之中，就不会被评价。

被人说"明明你实际去做的话就能做到"的人必定不会去致力于课题。因为，他们往往会认为，活在"如果做就能做到"的可能性中比活在"做不到"的现实中要更好一些。

不要抱着这种观念去逃避课题，而要积极致力于课题，即便无法完美解决课题，至少也要从能做的地方做起。这就是所谓的勇气，阿德勒称之为"不完美的勇气"。

除了"不完美的勇气"，阿德勒还说到了"失败的勇气"。虽然总是重复相同的失败也许是一个问题，但也可以毫不夸张地说不经历失败就学不到任何东西。考试完之后，能够马上对答案的人下一次考试也许就能够避免出现相同的失败，但如果害怕知道成绩不理想而不去查看答案，相同的错误就会重复出现。

通过获得阿德勒所说的"不完美的勇气""失败的勇气"，多数人就能够致力于课题。但是否能够完美

第 2 章
找回勇气

地解决课题，那倒是另一回事。如果不去致力于课题，就什么也不会开始。在课题难以达成的时候就想要去逃避，阿德勒将这种生活方式描述为"一切或者无"，并认为即便能够达成一半，也远比不去做要好。

想起了我的孩子上托儿所的时候的一件事情。学校要在参观日举办骑竹马比赛，虽然我们提前进行了练习，但到了比赛当天，孩子却依然不会。正当我想着该怎么做的时候，孩子却在托儿所老师的搀扶之下跑完了全程。与我的孩子同时起跑的一个小女孩儿一开始独自跑得非常好，但或许是知道自己无法得第一了的缘故，她在中途却停了下来。我的孩子与这个小女孩儿形成了一个鲜明对照。

阿德勒严肃地指出，仅仅拥有美好意图是不够的，"在社会中，重要的是实际去完成、实际去给予"。这是在批判神经症者时提出的观点。神经症者虽然也想要解决课题，但在做不到的时候往往会搬出借口试图去逃避课题。可是,即便做得不够完美,只要实际去致力于解决课题,就比什么都不做,还找一些做不到的理由要强得多。

阿德勒在"不完美的勇气""失败的勇气"之后还进一步谈到了"认识错误的勇气",其中的意义大家应该也能明白吧。自己犯的错既可能是由自己觉悟到的,也可能由他人指出来的。

我时常会想起一个关于汤川秀树的故事。某日讲课的时候,汤川秀树反复看了好几遍黑板上写的算式,然后说了句"请等我一下",就走出了教室。不一会儿,他带着数学老师回来了,指着黑板上的算式问:"老师,这个算式我总觉得有些奇怪,是错了吗?"当然,这是当着学生的面。被问到的老师回答道:"啊,这个,这里错了。"于是,那位被请来的数学老师就稍微修改了一下算式。然后,汤川秀树接着讲起了课。

第 2 章
找回勇气

重视课题达成与重视人际关系

从汤川秀树的故事可以看出，他在意的只有解决课题，除此之外的事情，例如老师的自尊心之类的东西，似乎并不在意。达成课题，或者，至少朝着达成课题的方向去努力，这才是最重要的。如果害怕在达成课题的过程中产生人际关系方面的摩擦，问题就得不到解决。倘若以前文提到的我在英语作文补习中发生的事情或是上希腊语课的时候发生的事情为例，无论给老师留下什么样的印象，只要自己的水平没有得到提升就毫无意义。在汤川秀树的故事中，无论他给学生留下什么样的印象，如果没有得出正确答案就毫无意义。即便成功地给人留下了良好印象，但自己的能力水平却永远也不会因此而得以提升。重要的是实际上的"好状态"，而不是"被认为好"。老师也会有出错的时候。如果遇到了自己不懂的问题,坦然说自己不懂,并说自己查证后会再回答即可。看到这种情况,也许有人会怀疑老师的能力,但无论学生会因此事怎么去想,都不能动摇老师"教授真实而非错误"的原则。

像这样,有人视解决课题为第一要义,但也有人认为比起解决课题,相关的人际关系才最重要。这样的人实际上并不怎么关心解决课题本身,但又往往拘泥于解决课题的过程。例如,遇到事情在自己不知情的时候得以开展的情况,他们一般不会为此感到高兴。即便看上去问题已经得到合理解决,但如果自己在整件事中没有被抬高,就会很生气。很多咨询人际关系方面的问题的患者都想知道应该如何跟这样的人相处。令人遗憾的是,这样的人一般不会来进行心理咨询。至少不会主动来进行心理咨询。他们与被叫来进行心理咨询(或许可以这么理解)的心理咨询者之间的人际关系一开始就有问题。在心理咨询中遇到的

第 2 章
找回勇气

往往是一些与上述所讲的这类人之间出现的问题。这些人即便有为了解决课题实在无法让步的事情,但因为害怕损害与对方的关系也往往无法坚持自己的想法。

倘若拿亲子关系来讲,这样的人即便认为父母的话不合理,也无法对之进行反抗,而是选择顺从。上哪个学校,去哪里工作,和谁结婚,诸如此类的事情,即便选择不慎,其结果也会落到孩子自己身上,承担责任的也是孩子。在这个意义上来讲,这些原本就是孩子的课题,父母本来就不该说太多,可有些时候,仅仅因为想要支配孩子,父母就会去干涉孩子的选择,将自己的想法强加给孩子。这样的父母比起帮助孩子解决诸如升学、就职、结婚之类的课题,他们往往更关心这些事情出问题时的人际关系。

通过前文的分析,我建议大家即便面对那种难缠的人,也要勇敢坚持自己的想法。当然,其中也难免会产生摩擦。但遗憾的是，坚持自己的主张或者去阻止某些行为就势必会产生一些摩擦。被人讨厌是活出自由所要付出的代价，这一点前文已经分析过了。为了避免摩擦，即便有想要说的话，也只会选择保持沉默，倘若如此，那我们的确不会发生冲突，也能避免摩擦。但是，那样的话，课题就总是得不到解决，自己则会一直不愉快。

可是，我并非在劝大家要感情用事或者去吵架。感情用事的本质是想要以此去打动、支配对方，倘若放在人际关系中来讲，就是想要高于对方。面对这样的人，如果我们以相同的方式去对待，就只能陷入拼命证明哪一方正确的无意义之争，这大大背离解决课题这一关键目标。很多情况下，即便自己认为并没有感情用事，但当试图去证明自己正确的时候，就已经在感情用事了。

前文已经分析过，愤怒是一种使人与人变得疏远

第 2 章
找回勇气

的情绪,而关系亲密则是解决课题的条件。感情用事,执着于证明自己正确,或者,因害怕对方生气而保持沉默,这都非常不利于解决课题。因此,即便对方感情用事,我们也要尽力避免陷入对方发起的权力之争。并且,我们还要勇敢坚持自己的主张。这或许有些难。

年轻人由于害怕产生摩擦,而不去说想说的话,并因此陷入不利境地,对此,我感到非常遗憾。或许输了权力之争也没有关系。倘若用"输"这一表达方式已经是以权力之争为前提的话,或许我们也可以退出权力之争。因为,关键在于解决课题。

前文我们已经思考过置身对方立场的重要意义。放在现在这种情况下,我们也可以试着去与那些感情用事并试图以此去支配他人的人产生共感。这样的人并不懂得其他的解决课题的方法。实际上,他们也意识到了自己采用的方法并不利于解决课题。但是,如果他们不了解在自己目前采用的方式之外还有其他的解决方法，就只能不断重复相同的事情。慢慢地，身边就只剩下一些老好人，明智者则会逐渐离开。

我认识一位对孩子充满支配欲的父亲。虽然所有的父母都有支配欲，但那位父亲却是异常地爱唠叨，总是插嘴孩子的课题。因此，他常常被孩子们嫌弃，在家庭中处于孤立状态。但是，即便是这样的父亲，他也并没有恶意。只是不懂得应该怎么去做。终于，有一个孩子对这位父亲说："因为是我的人生，所以希望您能让我自己来决定。"某日，我与那位父亲进行了交谈。当我问到"你非常担心自己的孩子吧"这个问题时，那位父亲回答说的确如此。我接着又问他："可是，当那种心情得不到传达的时候，你会感到很遗憾吧？"那位父亲对此也表示同意。像这样，对于那些看上去似乎只有支配欲的人，倘若我们换一个视角来看待他，也许会改变我们之间的人际关系。

第 2 章
找回勇气

保持平等

既不支配人也不受人支配,这才是真正的自立。

一方面,自立的人不会想要通过支配或高于他人来显示自己的与众不同。想要以这种方式优于他人的行为其实是自卑感的表现。真正优秀的人不会试图去炫耀自己的优秀。

另一方面,也不要受人支配。虽然屈服于强权者的事情的确存在,但也有人似乎希望受人支配。前文已经分析过表扬方面的问题,但有时候,听懂了我在演讲或者心理辅导中所讲内容的人会发出这样的疑问:"如果在家庭或者学校停止表扬的话,孩子会说为什么不表扬他们,这时就会不知道该如何是好了。那究竟该怎么做才好呢？"孩子可能会说想要像以前那样得到表扬。这种时候，可以让孩子讲一讲想要获得表扬的事情是什么。想要获得表扬的孩子虽然无法高于表扬自己的父母或老师，但却试图高于那些不被表扬的孩子。这种情况下，我们可以这么跟孩子说："可是，因为我不想把你当成低于我的人来看待，所以才不去表扬你。"

保持平等关系，说起来容易，但要在实际的人际关系中实现却很难。因为大多数人都是在父母的批评或者表扬中长大的，并不是成长于既不需要批评也不需要表扬的平等亲子关系中，所以也就难以真正理解平等。

例如，即便对某些问题存在疑问，但倘若问题提出者是长辈或者上司，往往就会难以直率地表明自己的疑问。并且，在讲求察言观色的当今社会，即便有异议，也很难坦率讲出来。

第 2 章
找回勇气

的确，人活在人际关系之中，或许也需要考虑他人的想法，但若是太过在意周围人的想法，就无法表达自己的想法或感受。表明与他人不同的想法，这多少会产生一些摩擦，但若是为了回避摩擦而选择沉默，从长远来看，不利于人的发展若不发表意见，还要抱怨对方不懂自己的想法，那就更不合适了。

这种时候，我们要反抗感受到的压力，但不要感情用事，要善于表达自己的意见，这正是构筑平等关系的第一步。这里所讲的不要感情用事也意味着在平等关系中被看重的唯有解决课题，围绕解决课题所产生的人际关系根本不是关注点。例如，以教育情景为例，只有老师教什么学生学什么才是关键，至于学生提出这样的问题会被他人怎么想或者作为老师出了错很丢脸之类的事情根本不会被在意。

当人与人之间不是平等关系而是上下关系的时候，就会从中产生竞争关系。因为，谁都不愿在人际关系中处于劣势，都想要占据优势。这种上下或者纵向关系则会成为损害精神健康的重要因素。

前文探讨过是否可以保持自己的现状这一问题。如果有人试图通过竞争来高于或支配他人，并以此来显示自己比他人优秀，那我想要对其说：不必刻意营造优越感，保持现状即可。

阿德勒说，重要的不是竞争而是协作，并认为协作能力是人获得勇气、幸福生活的必要条件。倘若视他人为敌，协作关系就不会成立。

信赖

倘若人际关系状态从根本上转变为以平等关系为前提的协作关系，信赖关系就会随之而生。或者，反

第 2 章
找回勇气

过来讲,为了改变人际关系状态,必须构筑起信赖关系。

究竟什么是信赖他人呢?如果一切都了然于心,就没必要再谈信赖了。所谓信赖,就是在眼下正在发生或者接下来要发生的事情处于未知状态时,主观性地补充上其未知部分。只有在具备直接知识或者信赖依据的时候才去相信,这不能叫作"信赖"。

对人人抱有不信任感的孩子往往缺乏对世界的信赖感。他们往往会认为这个世界充满危险,周围的人都是随时想要陷害自己的敌人。那样的孩子并不想对他人有所助益,因此就无法获得贡献感,继而也就不能悦纳自我。如此一来,他们就无法获得对自我的信赖,也就是自信。

假若察觉到自己之前缺乏对世界的信赖感,那就只能去改变以后的状态。即便他人不信赖我,我也能够信赖他人。这并不容易做到,需要很大的勇气。因为,信赖是指就连没有信赖依据的时候也选择相信。被信赖者一般也不会总是辜负那些信赖自己的人。倘若知道有人信赖自己，即便只有一个人信赖自己，那个人对世界的看法或许也会发生变化。对于那名殴打阿德勒的患者，阿德勒就将其作为"同伴"来信赖。

泽木耕太郎旅居中国香港地区的时候曾遇到过一位失业的青年。他们一起吃荞麦面的时候，那名青年满脸神往地告诉泽木耕太郎说自己很想去日本。吃完饭之后，他用汉语跟面条店的老板说了几句话就走了，既没有跟泽木耕太郎道别也没有付饭钱。泽木耕太郎原本就打算由自己付钱，倒也不在意这一点，但心中总觉得那名青年至少应该跟自己道声谢。当他怀着被人用巧妙手段敲了一顿饭的失望心情去结账的时候，面条店的老板却说不用结账了。他瞬间明白了那名青年为何要以这样的方式默默离开。果然，面条店的老板告诉他说："你的那位朋友说他明天就能找到一份码头装卸的工作，所以让我将你们两个人的饭钱先记在他的账上……"泽木耕太郎一时感觉自己羞愧得无

第 2 章
找回勇气

地自容,不是因为他被一名失业的青年请了客,而是羞愧自己"刚才对他的怀疑"。

弗朗西斯·福山说:"信赖就是投身于未知之中。"即便孩子说明天开始好好学习,大人往往也无法相信。因为,那种话已经听了太多遍,但每次都令人失望。对于那样的大人来说,孩子虽然说好好学习,但实际上是否认真投入学习尚属"未知"。要想信赖孩子,需要具备投身于未知的勇气,为此,大人必须从改变对孩子的看法做起。

即便对于被信赖的一方,有时那也是一种未知的体验。某位哲学老师在教授拉丁语。有一年,这位老师发现这届学生比历届学生都优秀。无论什么问题都不会出错。这实际上是有原因的,那就是,历年使用的教材自那一年起有了配套的练习问题解答集。老师并不清楚这件事情。就学生而言,很难做到明明有解答集却不去查看。因此,无论哪个学生都会看了解答集再进行回答,答案也就理所当然不会出错。然而那位蒙在鼓里的老师每节课都会说:"能够教像大家这么优秀的学生实在是我的荣幸"。

学生们因为老师丝毫没有怀疑自己而感到十分愧疚。于是,大家经过商量,在暑假结束后的第一次课上对老师坦白说:"实际上,我们的教材自今年起有了配套解答集。大家都是看着解答集回答您的问题。"

像这样,信赖他人就是投身于未知之中,同样的道理亦适用于自己。之前看到有人在遇到某个课题之时,不会去判断自己是否能够做到,反而往往一开始就认定自己做不到。所谓自卑感就是一种不如别人的"感觉",而并非实际上不如别人。即便他人看来毫无问题,如果本人认为自己不行的话,那就是自卑感。关于这种自卑感,阿德勒说:"我们能够摆脱这种充满痛苦、令人不安的情绪,获得精神上的巨大飞跃。"

为了实现飞跃而投身于未知,继而获得自信。

第 2 章
找回勇气

康复途中的患者之梦

前文分析了靠自己的力量或者偶尔在他人帮助之下不畏失败地致力于课题解决的必要性及可能性。

在治疗或心理辅导的最初阶段，心理医生有时会去探求患者的早期回忆，引导患者讲述人生最初的记忆。因为，在早期回忆中，一个人的生活方式会被清晰呈现出来。重新探寻早期回忆，就能明白目前的治疗进展到了哪一步了。因为，倘若治疗有所进展，即便表面上看起来没什么变化，也能在早期回忆的重要节点上发现不同。个体心理学的治疗目标在于帮助人提高致力于人生课题的勇气，如果治疗进展顺利，人的早期回忆也会发生变化。

梦也能与早期回忆做相同处理。因为梦会反映出生活方式,借此我们就能够知道人在梦中如何解决课题。阿德勒讲述了下面这样的早期回忆:

"四岁的时候,我坐在窗边。那时,母亲在织袜子,而我则看着工匠在马路对面盖房子。"

其他人都在劳作,而这个人却在观望。从中可以看出这个人面对人生的姿态,也就是一种旁观者的姿态。在人生中,如果自己不去付诸行动,就什么也不会发生。

阿德勒下面列举出的这个梦来自一名将要治愈的忧郁症患者。

"我一个人坐在长椅上,天空突然刮起了暴风雪。幸好我从中逃了出来。我急忙回到待在家里的丈夫身边。然后,我帮助丈夫在报纸的广告栏中寻找合适的工作。"

第 2 章
找回勇气

患者能够自己解释这个梦，它清晰地显示出与丈夫和解的感情。最初，她很厌恶丈夫，并狠狠谴责他的软弱和不思进取。因为丈夫无法赚到生活费。而这个梦包含了下面这样的意思：

"比起我一个人独自置于危险之中，还是留在丈夫身边更好。"

我赞成她关于自己所处状况的解释，但对于她与丈夫和解、向婚姻妥协的做法，还是给出了诚恳的建议。她过于强调一个人独处的危险，尚未做好鼓起勇气不去依赖他人而是与人协作的准备。她不是自己找工作，而是帮助"丈夫"找工作。倘若考虑到女性留在家中被视为理所当然的阿德勒生活的时代和社会状况，这或许倒也是合乎情理的事情，但在依然无法否定其依赖性这一意义上，就如阿德勒所言，这个梦也许可以说是"将要治愈"的人所做之梦。

阿德勒并未列举患者康复之后的梦，因此，这之后的情况只能靠推测。但不管怎样，我们可以根据这个梦来想象康复之后的情形。对治疗、康复目标抱有清晰规划和设想，这也是阿德勒心理学的一个重大特征。

阿德勒自身的梦便是该方面的一个例子。阿德勒晚年逐渐将工作基地由奥地利转移到了美国，由伦敦出发到美国去的前一个晚上，他做了下面这样一个梦。梦境清晰而又令人担心。阿德勒按照预定时间乘上了船，但船却突然翻倒沉没了。船上装有阿德勒的所有随身物品，全都被汹涌的波涛摧毁掉了。被波浪卷入海中的阿德勒在波涛汹涌的大海中拼命游着，凭着意志与魄力，他终于平安抵达陆地。实际上，在现实中，阿德勒为了学习英语，每天都去上英语课，这一点我们在前文已经讲述过了。

第 2 章
找回勇气

乐观主义

前文提到,阿德勒认为人什么都能做到。可以说,阿德勒的这一观点带有很明显的"乐观主义"特征。有的孩子具有乐观主义想法,相信自己能够圆满解决所面对的课题,阿德勒认为这样的孩子具有"勇敢、率真、信任、勤勉"等性格特征,而这些"都有利于其树立自信,相信自己能够解决课题"。

相反,认为自己无法解决课题的孩子往往具有"悲观主义"的性格特征,在这样的孩子身上往往能够看到"怯懦、胆小、自闭、多疑、自私"等特征。这样的孩子倘若是阿德勒所说的"战斗的悲观主义者"倒也还好,但其中的很多人会悲观地认为自己什么都不行,继而远远躲开各种人生课题,消极低沉地活着。

认为做什么都无济于事的人最终会什么都不做。

这里所说的乐观主义并非那种遇到任何困难都认为肯定有办法解决的乐天主义或正面思维。一方面，如果是具有乐天主义、正面思维的人，一般会认为无论发生什么都没关系，总觉得不会发生坏事，遇到任何事都只说肯定会"得到"解决，但却什么都不做。另一方面，乐观主义者会去努力"想办法"解决问题。虽然无法保证事情会如自己所愿，但只要尽力了或许就能够心安。

阿德勒认为，总是表现出乐天主义的人往往是悲观主义者。乐天主义的人会毫无根据地相信自己很幸运。但是，一旦遇到颠覆那种信念的事情，乐天主义的人就会立刻被挫伤勇气。

很多时候，人生课题都充满困难，即便人再怎么勇敢地致力于课题，也还是会有失误或失败。即便如此，我们依然能够从失败中学到很多，也只能从失败中去学习。

第 3 章

衰老与疾病

衰老

在各种困难的人生课题中，衰老、疾病、死亡恐怕是身体健康的孩子或年轻人无法想象的，但即便各人的情况有所不同，却迟早会对这些事情感到不安。认为世界或他人很危险，这可以说是水平性的不安，而衰老、疾病、死亡则是垂直性的不安。当然，说这些属于垂直性的不安也仅仅是在我们有可能出问题的时候，当我们处于衰老状态之中，或者面临死亡的时候，它自然就会发展为水平性的不安。一旦处于这种不安之中，人往往无法再去积极地致力于人生课题。实际上，并不是因为不安才不致力于课题，而是为了不致力于课题才制造出不安，但它却会成为导致人不安的重大因素。

无畏的勇气
"自我启发之父"阿德勒的生命哲学课

在衰老、疾病、死亡这三大问题中,死亡对任何人来讲,在其活着的时候都不会成为现实问题,只是存在可能性的问题,疾病之于健康者,或者衰老之于年轻人,虽然都是存在可能性,而非现实问题,但迟早是要去面对的。一旦生病,即便是平时自恃健康的人也可能会突然陷入当下的不安之中。希望大家认真思考一下衰老、疾病、死亡这三大问题。因为,如何对待这些问题会给人的生命状态带来重大影响,它们也很容易夺去人的生存勇气。

什么时候会觉得自己老了,这往往因人而异。我的父亲在已经称不上年轻的时候,依然非常反感在地铁中被人让座。好像在地铁中被人让座会唤起他的某种特殊想法。作家黑井千次写道,因为在地铁中被小学生让座而深深感慨自己已经到了被人让出优先席的年龄了。我在接受心脏手术之后,很长一段时间,胸部都系着带子。如果不这样做,或许谁都不会知道我刚刚做完手术不久,但有好几次,我被在地铁上看到这

第3章
衰老与疾病

种情形的人让座。一旦被人让座，我也跟父亲或黑井千次一样感到不自在，即便站着很辛苦，尽量想要坐下，但还是不愿让别人给自己让座，这着实是一种复杂的心情。

倘若是年轻人，也许并不需要去担心衰老问题，可一旦上了年纪，即便觉得自己还年轻，但往往会面临牙齿脆弱、视力下降之类的问题，继而就不得不意识到衰老了。我患上的心肌梗死与其说是心脏疾病，倒不如说是血管疾病，也可以说是一种类似血管老化的疾病。因此，尽管肉眼看不见，但我还是因为患上这个病而感觉自己一下子变老了。在捡回一条命之后，我便开始做康复运动。医院里有连接不同病房楼的漫长走廊。即使我想要到走廊里去走走，也迈不动脚，明明自己在不久之前连跑都没问题，可现在只能缓慢挪动，眼看着人们从自己身边超过去。不过，随着身体的逐渐康复，即便过程有些缓慢，我还是很快就能轻松地走路。在这一点上来说，它与实际的衰老还是有所不同，但那种身体能力丧失所带来的心灵冲击依然非常强烈。当听到主治医师冈田隆解释说动脉硬化、狭窄就是一种衰老症状的时候，我才明白这是一种不可逆的情况。被称为"导管治疗第一人"的冈田隆先生说："倘若药物能够抑制或改善动脉硬化，我所进行的治疗也就没有必要了，大众的平均寿命也就有可能到一百岁或一百二十岁。"心肌梗死导致的大面积心肌坏死也无法复原。

不仅仅是这种身体上的衰弱，常听人说伴随着衰老，人还会越来越健忘。我的父亲也是很早便开始向我倾诉健忘问题。他说："倘若意识到自己忘了倒也还好，有时候或许只有我自己不知道自己忘了，那非常恐怖。"这并不同于学生记不住外语单词，因为它会妨碍生活，所以，记忆力的衰退非常严重。阿德勒指出，一旦出现这种情况，人的自我评价往往会大大降低，继而产生强烈的自卑感，但衰老并不能说是一种主观感觉，这一点又增加了问题的复杂性。

第 3 章
衰老与疾病

柏拉图在《理想国》中讲了一段下面这样的辩论。说的是苏格拉底跟一位名叫凯帕洛的老人之间的对话，这位老人笃信宗教且为人敦厚。

老人们常常感叹年轻时意气风发的快乐生活如今都消失殆尽了，悲叹曾经活得那么幸福，而今却找不到活着的感觉。其中有些老人还会抱怨亲属虐待自己。这样的老人往往会以此为由来诉说老年生活的不幸。

可是，凯帕洛却对苏格拉底说："我认为这样的人似乎是将原本并非真正原因的因素视为原因。"

他还进一步说，倘若衰老真是造成上述不幸的原因，那为什么自己也经历着同样的事情但却并没有觉得不幸呢？！

那么，不幸的原因是什么呢？

"不幸的原因不是衰老,而是人的性格。只要是人品端正而又懂得知足的人,老年生活也不会那么痛苦。可是,苏格拉底,你要知道,对于那些不懂得知足的人来说,不管是老年时光还是青春岁月,人生总是充满痛苦。"

这里所讲的"性格"或许就是阿德勒所说的"生活方式"。衰老并非人的幸运或不幸的决定因素。这正是思考衰老、疾病以及死亡问题的出发点。如果是年轻时原本就好回避课题的人,老年生活往往就会变得很痛苦,这一点倒也容易想象。

衰老和死亡问题密切相连。对此,阿德勒说:"很多人担心身体迅速衰弱或者心神不宁会是行将消亡的征兆。"

人在遭遇或者预想这种状态之时所做出的反应会因其生活方式的不同而有所差异。随着衰老,人往往会生病,并且,那些病有时还可能会是致命性的。因

第 3 章
衰老与疾病

此,衰老问题常常与疾病和死亡问题密切相关。并且,一般不会只有其中的一项被以不同的方式加以处理。虽然处理方法因人而异,但在同一个人那里,任何一个问题都将会被以相同的方式加以处理。

西塞罗曾说:"我现在并不想要青年的体力,这就如同我年轻时也并不想要牛或大象那样的力气一样。用好现有的东西,并且,做什么都量力而行就可以了。"

这令我想起了阿德勒说过的一句话:"重要的是如何去利用被给予的东西。"

阿德勒谈到过"更年期危机"。其实,更年期未必是一种危机。但是,倘若是认为女性的价值仅仅在于年轻和美丽的人,一旦进入更年期,就会"往往苦恼于如何引人注目,并且还常常会采取满含敌意的防卫态度,就好像是自己遭遇了什么不公的待遇一样,继而就会变得不开心,有时还会发展为忧郁症"。

在这类女性中,我们明显能够看出之前分析过的自我中心性。

阿德勒说,那些认为自己已经不再被需要的老人往往会变成对孩子言听计从的温顺老人或者唠叨挑剔的批判家。为了避免老人产生这种感觉,阿德勒说:"就连六七十岁甚至八十岁的人,也不可以劝其辞掉工作"。如果是在阿德勒生活的时代,这看上去也许是一种新思想,但倘若放在今天,它则是一件极具可能性的事情。我们这个时代,有的人九十多岁还在继续工作。

《活在同时代》这本书是濑户内寂听、唐纳德·金、鹤见俊辅三人八十一岁时的对谈,书中所展现的"知识盛宴"远非年轻人所能及。其中谈到了唐纳德·金跟之后于九十九岁高龄去世的作家野上弥生子对谈时候的事情,书里写道"我平生第一次与超过九十岁的人交谈",这一点让我觉得似有不妥。因为,在我看来,

第 3 章
衰老与疾病

唐纳德·金也很长寿，倘若野上弥生子听到一位比自己年轻几十岁的人说，与自己交谈似乎是一种稀有体验，她也许会感到不自在吧。假若读一下野上与哲学家田边元晚年时期的往来书信，那我们也一定会自愧无才。

老年问题的中心点或许并非智力的衰退。因为，就像阿德勒所说的那样，在对人进行评价的时候，工作价值几乎起决定性作用。在社会上，一个人职责的高低很有可能被看作是能力的高低。离开工作岗位之后，很多人看上去似乎已经失去价值，继而过得很失意，时常陷入一种脱离组织的不安之中。要想能够将那种"无所归属的时光"视为"可以更好地培养人生乐趣的时光"，可能需要花费一些时间。

阿德勒说，老人周围的人不要去剥夺老人工作的机会，即便无法要求周围的人不去剥夺老人的贡献感，为了自己能够认为自己有价值，老人也不要去悲叹已经失去的年轻时光，而要想着以某种形式为周围的人做贡献，这或许是克服老年危机的必要条件。

这里也体现出与前文分析的是否可以保持现状这一问题相同的情况。即便拼命地向周围人证明自己的价值与从前一样，也不会有所收获。任何事情，当感觉必须对其加以证明的时候，就已经失度了。即便无法做什么特别之事，即使年轻时能够做到的事情现在已经做不到了，自己的价值也不会因此而有丝毫降低。活了一百二十岁的泉重千代在一百一十五岁的时候面对采访中被问到的"喜欢的女性类型"这一问题，他诙谐地回答说"好像还是年长的女性吧……"，希望老人都有这样的幽默感。

第 3 章
衰老与疾病

接受疾病

人一旦进入老年,疾病也会多起来,但生病未必只限于老年。什么时候,人都有可能会生病。如果是实际生病,那就更不用多说了,即便是疑心自己会生病的想法也会剥夺我们生存的喜悦。那么,人生病究竟是怎么回事呢?

对此,班登·贝尔克说:"有些实际上很健康的人往往会觉得自己身体十分脆弱。这会产生一种反应能力,但这种反应能力绝非理所当然之事。"

2006 年,我因心肌梗死而病倒。这是一种因冠状动脉完全堵塞而导致心脏坏死的疾病,如果治疗不及时就会致死。虽然发病很突然,但其征兆很久以前便存在。尽管如此，我自己却并未察觉身体的异常。或者也可以说是不想去察觉。

没有人一辈子都不生病，一直认为自己与疾病无缘的人有一天可能会突然病倒，疾病似乎会在人生中突然出现。

相对于那些意识不到人随时都有可能生病的人，感觉自己身体脆弱但"实际上很健康的人"清楚地知道，即便是在自认为健康的时候也随时可能会生病。人生病绝非因为运气差，这对任何人来说都是不可避免的事情。认识到疾病的不可避免性，清楚人随时都有可能会生病，生病时心平气和地去接受，即便有幸痊愈也不心存侥幸，这样的做法就是在毫不回避地直面疾病并认真回应生病的身体所传递出的信息，这就是反应能力。

不过，就像班登·贝尔克所言，人的反应能力也就是负责任的能力，是一种绝非理所当然的能力，相

第3章
衰老与疾病

反,对疾病欠缺反应能力反而是很自然的能力。但是,人总要面对以下两种情况:自己逐渐察觉身体不适,或者是突然被告知自己生病了。假设并非身体发出的信号,而是被他人也就是医生告知生病的事实,尤其是所患之病可能是不治之症的时候,可能就要涉及库伯勒·罗斯提出的"接受死亡的五个阶段"的著名理论。首先患者会有不相信自己会死的质疑阶段(否认与孤立)。在这个阶段,患者往往不愿接受现实,心中会产生"不是我!不可能有这样的事情!"之类的想法。不久之后,这种否认会转变为部分否认,当进一步明白医生并没有搞错的时候,往往会产生愤怒、狂躁、嫉妒、怨恨之情。在这一阶段,患者常常会愤怒地想"为什么要死的是我",并有可能将这种怒气指向周围的人(愤怒)。接下来就会进入交涉阶段,在这一阶段,患者会想方设法将不可避免的结局尽量延后,尝试各种对抗死亡的方法(交涉)。随后到来的就是什么也做不了、深感无能为力的阶段(抑郁),最后便会进入接受死亡的阶段(接受)。

但是，据罗斯自己所举的案例也能够看出来，接受死亡这件事未必就会按部就班地沿着这一顺序展开。例如，作为否认与孤立阶段的案例被列举出的一名女性似乎就越过了接下来的几个阶段，直接接受了死亡。

起初，这名患者深信信仰治疗师的话，坚信自己很健康。可是，某日，她握着工作人员的手说："你的手可真温暖啊！当我渐渐变冷的时候，请你陪着我吧！"然后便像是明白了什么似的微微笑了笑。对此，那名工作人员说："无论是她还是我，在这一瞬间都明白了她不再否认自己生病的事实。"

就像因肝癌于四十九岁去世的西川喜作医生所指出的一样，接受疾病或死亡的过程并非呈直线式发展，有时也会出现反复摇摆。就好比是冲到海岸上来的浪潮会涨涨退退一样，疾病和死亡带来的冲击也会不时涌来。人一旦被裹入其中，必须尽快觉悟。并且，还要清楚这样的情况会不断出现。

第 3 章
衰老与疾病

此外，与其说是在接受死亡之前，任何一个阶段都可能会反复，倒不如说，得知自己生病的时候的反应似乎会因个人的生活方式的差异而有所不同。也就是说，生病时人会如何应对，这绝非只是一种疾病体验，它与一个人之前的人生状态并非毫无关系，并且，此时的应对方式往往会依存于当事人过去直面课题时的处理方式也就是生活方式。接受疾病就是其当前的人生课题。

处于"愤怒"阶段的人往往会想"生病的人为什么偏偏是我"之类的问题。某位处于该阶段的患者妻子说："一旦把探视时间和会面时间的长短交给丈夫来定，会面时间就缩短了，但却变得愉快了很多。"据说这个人起初就连妻子去探视，他都会发火，对于别人的询问与忠告常常会做出过激反应。不仅仅是探视时间，将其他一些事情的决定权也交给他之后，他则变得平静起来了。据其妻子讲，他一直都很任性，无论是在工作上还是在家庭中，都一直很有支配欲。倘若不是这种类型的人，生病的时候或许并不会表现出如此明显的怒气。但是，生病的时候，人多少会变得心灵脆弱。因此，看上去也许会与平时有所不同。生病之后，我也确实抱怨过，心想"之前也并没有抽烟之类的不良习惯，为什么自己会得心肌梗死呢"。

总之，我们可以认为，其实生病的人并非与平常有所不同，而是在疾病这种非日常体验或者极限状态下，平日并不明显的生活方式显露出来了。

当身体变成他者之时

在生病之前，人会多大程度地意识到自己身体的存在呢？可以说是几乎不会意识到吧。人有时会让自己累到几乎爬不起来，但倘若是健康之时，也许只要休息一下，这种疲劳感就会很快消失。可是，人一旦生病，

第 3 章
衰老与疾病

就连呼吸、走路之类的事情都会清晰地意识到。呼吸或许会变得困难，每走一步可能都要停下来歇息。

那种时候，平日里完全或者说几乎不会意识到的身体便开始宣示其存在了，我们也就不得不意识到身体的存在了。生病的时候，可以说自己与身体之间会产生隔阂。就像是他人会与自己拥有不同的想法与感受且绝不会按照自己的意愿行事一样，生病之时，也可以说身体对自己来说就变成了"他者"。城山三郎这么来表达其左胸剧痛、气喘不止、呼吸困难时候的状况，"虽然是自己身体的一部分，但过去一直安静地隐藏着，未被我意识到的心脏此时摘掉面纱，不断地通名报姓，向我宣示着它的存在"。城山三郎非常巧妙地表达出自己与身体之间出现的隔阂，身体成为他者的状态。

像这样，一旦身体摘掉面纱、通名报姓，人就不得不意识到它的存在。到那时候，我们就不得不做出决断，认真思考要做什么或者不做什么。有些疾病，可能还会被医生建议手术治疗。虽然并不是必须得接受手术治疗，但那就要承担不接受手术治疗所导致的风险。相反，如果接受手术，则必须承担来自手术方面的风险。即便是在健康的时候，也可能会意想不到地面临一些不得不做的决断。这种时候，身体明明是自己的身体，但却成了逼迫我们做出这种决断的他者。

一旦生病，身体就不能再由我们自主控制和支配。身体会出现一些我们完全意想不到的变化，就好像是它获得了独立于我们自己的意志。后文会对此重点加以分析。严格说来，身体当然没有意志，可一旦生病，我们往往对其无计可施，此时的身体便宛若具有了独立意志。

但是，身体也并非总是一个麻烦的存在。例如，疼痛可以说是身体发出的声音，可如果没有疼痛，我们就不会察觉到身体出了重大问题。正因为有疼痛，才能意识到身体的异常，继而采取相应的处理措施。

第 3 章
衰老与疾病

当然，明明身体出了问题但自己却感觉不到的时候更不好。以心肌梗死为例，并不是使用导管疏通闭塞的冠状动脉进行治疗便会即刻康复，那之后还必须严格按照医嘱进行康复训练。起初，患者须得保持绝对安静状态，然后再一点点地慢慢恢复身体的运动。可是，因为感觉不到疼痛，所以，虽然被医生叮嘱务必保持安静，但还是有人自作主张地来回走动，倘若那么做的话，有可能会导致血管壁破裂。

在不愿承认自己身体生病的时候，即便是疼痛之类的异常症状已经非常明显，我们依然会按照自己的意愿去解释它。有的时候，我会接连数日待在房间里写作，不踏出家门一步。有一次，在这样的状态持续两周之后，我一到外面去，发现自己没法像以前那样走快了。只是走到车站，便花了成倍于平日的时间。这明显有些异常，可尽管如此，我依然对自己解释说一定是因为自己缺乏运动导致筋骨衰弱。但是，直到之后因为心肌梗死病倒的时候，我才明白这是一种错误的解释。我不想知道自己身体的真实状况，尽管察觉身体可能出问题了，但依然将走不动路乐观地解释为筋骨衰弱，并试图以此来逃避身体发出的警告。这个时候，身体对我来说，还"不是""他者"的存在。这与前文提到的难以接受孩子想要离开自己这一事实，便将其"属性化"地解释为孩子实际上很喜欢自己的父母非常相似。正因为身体是他者，它才会迫使我们做出决断，但我们对身体的异常却往往会视而不见，不愿承认身体违背了我们自己的意愿。班登·贝尔克认为这种做法其实是在拒绝对身体发出的声音做出反应，也就是不负责任。

　　但是，像这样，尽管身体呼吁了自己的异常，但我们却并不对其做出回应，在某种意义上来讲，这或许也可以说是"呼吁"的本质了。大家或许有过这种经历吧，突然感觉有人在看自己，一抬头便与陌生人四目相对了，于是便觉得很难为情。因为，在自己察觉之前，那个人便比自己早一步看着自己了。身体发出

第 3 章
衰老与疾病

的呼吁和我们对其做出的回应之间就存在着与此相似的时差。

问题在于人在察觉身体所发出呼吁时的反应。我们往往会对这种呼吁视而不见或者按照自己的意愿去解释。即便意识到了事情的严重性,也不愿去医院。即使被医生告知了病情,也会像库伯勒·罗斯论述不治之症时所讲的一样,断然否认事实,心想:"不,不是我!不可能有这样的事!"

及时回应身体的呼吁,这是对身体负责任,但我们往往并不会像亚伯拉罕被命令将自己的儿子以撒献为燔祭时,立即响应神的召唤,毫不犹豫地拿起刀子就要去杀自己的儿子那样去做。就连亚伯拉罕也曾怀疑自己是否能够将人们从埃及引导出去。像这样,即便我们听到了身体的呼吁,也总是会迟疑不决,其中的时差会是致命性的。

相反,有的人会即刻回应身体的呼吁。这样的人有时或许会被看作是神经过敏。有句话叫有点儿小病的人反而长寿，意思就是说有宿疾者反而能够长寿。的确，因为身上的宿疾，人也许会在稍感身体异常时便马上去看病，如果有问题，就能够及时采取必要的措施。如此一来，面对疾病，会对身体发出的呼吁做出及时回应的人就能成为班登·贝尔克所说的"真正健康的人"。

上述内容可以表示如下：

（1）我 = 身体 →（2）我 ←→ 身体（身体的异物化）→（3）受疾病（身体）支配的我

（1）是健康的时候，此时，人往往处于意识不到身体存在的状态下。（2）是生病之后不得不意识到身体存在的状态。一旦进入这种状态，意识时常会被身体所占据，我们将其表示为（3）。那时候，人一旦感觉到疼痛，即便那并非持续性疼痛，或许也会陷入惧怕死亡的不安之中。

第 3 章
衰老与疾病

可是,即便处于(3)这个阶段,身体有时依然会向人提供错误信息。准确说来,并不是身体提供错误信息,而是人没有合理倾听身体的声音。忽略身体发出的声音,并按照自己的意愿轻描淡写地加以解释。

即便有幸挽回一命并努力进行康复训练,身体依然会发出一些极具迷惑性的甜言蜜语。比如,"今天或许不用出去散步了吧""外面那么冷,这样的天气特意到外面去,患上感冒的话,就不划算了吧"。此外,身体可能还会这么讲,"吃这些应该没事吧""明天再控制一下食量就好了"。这样的甜言蜜语往往会动摇人的意志。

但是,这样的话实际上并非由身体所发出。问题或许在于人明明知道该怎么做但却做不到(这在希腊语中的意思就是"失控")。对该问题进行过考察的柏拉图说,的确有些事情看上去像是"失控",但实际上,那还是因为人并没有真正明白什么是善(这里的"善"

是"有好处"的意思），倘若真的明白某些行为对自己来说并非善，也就是对自己没有好处，或许就不会选择那样做了。

现在的情况也并非身体发出了诱惑，而是自己以身体为借口，判断某种行为是善。好好想想便会知道，自疾病表露出来之前，自己就一直在做同样的事情。疾病（身体）在我不知道的时候就已经逐渐夺去了我的主导权。

借用得永幸子的话来讲，康复就是意识恢复了对身体的主导权。那时候，"我"就又可以等同于"身体"了，"但这已经超越了'我'与身体日常式、自然性相连接的（1）和'我'与身体处于紧张关系中的（2），它是一种本来的'我'与身体之间的关联"。

这里所讲的本来的"我"与身体之间的关联是什么呢？

第 3 章
衰老与疾病

心灵生病时

前文一直在论述身体方面的疾病,但同样的道理是否适合心理方面的疾病呢?

得永幸子对于这个问题的看法或许并不具有普遍性。其认为身体方面的疾病和精神方面的疾病虽然表现各异,但本质相同。

"无论是身体方面的疾病还是精神方面的疾病,人生病之时都会活在'生命'的疏离状态之中,在这一点上,两者具有相同的体验。"

果真如此吗?"活在'生命'的疏离状态之中",得永幸子还将其描述为与世界之间关联状态的崩坏。

的确，倘若是身体方面的疾病，一旦发病，很可能会使我们陷入疏离于生命或世界之外的状况。不过，因为疾病而走向疏离的过程未必就是那么理所当然的事情。或许也有人并不会感觉到被疏离出来，至少康复之后就不会再感到被疏离了。即便这里的康复并不意味着疾病本身的康复。

但是，如果是精神方面的疾病，则与身体方面的疾病有所不同，或许并"不会"意外陷入"'生命'的疏离状态"。精神方面的疾病与身体方面的疾病的情况正相反，往往是先有与世界、生命之间的疏离感，那之后才会发病。之所以说是"那之后"，是因为从疏离到发病的过程并不存在因果关系。即便存在疏离感，也未必会发病。阿德勒认为，如果发病，其中肯定存在相应的目的。

这一点往往很难得到患者的认同，但我一般会通过心理辅导向患者说明，即使他们并未意识到但选择

第 3 章
衰老与疾病

症状的依然是其自己。在并未意识到发病与自我选择之间的关联性这一意义上来讲,那的确是出乎其意料。因此,有的人会非常抵触这种解释,无法认同疾病其实是自己的一种选择。可正因为它是一种自己的选择,才可以由自己下决定去进行康复。并且,倘若明白了原本试图通过症状实现的事情事实上也能通过其他手段去达成,那就可以进一步去思考解决对策了。

我之所以认为身体方面的疾病与心理方面的疾病有所不同是因为,如果是身体方面的疾病,患者一般都会期盼早日康复,但若是精神方面的疾病,有的案例似乎无法断定患者真心希望摆脱症状以便康复。的确,虽然患者是康复了,但有时也会察觉那不是自己真正希望的结果。自己一旦生病,家人会很担心。然后,随着自己慢慢康复,最初来自家人的担心、照顾、关注会逐渐减少。这或许也是一种很自然的结果。所谓康复就是这么一回事。可是,有人并不愿接受这种变化。在一些精神方面的疾病中,患者有时也会去选择死亡。

无畏的勇气
"自我启发之父"阿德勒的生命哲学课

这个问题后文将会加以分析。

不过,虽然这里将身体方面的疾病与精神方面的疾病分开来看,但有些时候,病人会因为(身体的)病痛而试图去选择死亡。在北條民雄的《生命的初夜》中,尾田高雄由于"如果不住在这样的医院里就无法保全生命的悲痛"而试图去选择自杀。尾田高雄因患传染病而住院,这种疾病在当时并没有治疗方法,患者只能在被隔离的状态中度过余生。尾田高雄选好一棵树试着去上吊,但却失败了。尾田高雄的求死之心最终还是发生了动摇,"当脑袋终于从松动的带子中出来之后,我终于醒悟了"。之后,尾田高雄便不再想去上吊了。

"心灵和肉体怎么会如此分裂呢?可是,我究竟在想什么呢?我难道有两颗心灵吗?我自己并未注意到的另一颗心灵究竟是什么呢?两颗心灵常常会想法相反吗?"

第 3 章
衰老与疾病

　　这里所提到的心灵和肉体之间的分裂是一种普遍性的说法，但阿德勒并不认可两者之间的分裂，而是将"我"视为一个整体。阿德勒创立的个体心理学中的"个体"源于拉丁语中的individuum一词，即为不可分割之意。作为不可分割之整体的我如果判断A行为是善（有好处），就会去选择那种行为。与其说是身体驱使自己采取A（例如自杀）这一行为，不如说是"我"自己做出判断认为那样做对自己来说是善。那种时候，心灵和身体之间即使表面上看似存在背离，但实际上并不存在。

身体发出的声音

　　像这样，阿德勒认为心灵和身体是一个整体，但尽管如此，有时候，心灵或身体似乎依然会莫名察觉到自身的异常。

在涩泽龙彦所写的《高丘亲王航海记》一书中,藤原药子说了这么一句话:

"映照未来的我的心灵之镜宣告着我的死期将近。"涩泽龙彦自创作这一作品开始便说自己喉咙痛。

那是关于高丘亲王乘船渡过云南之湖时候的事情。高丘亲王突然将头伸出船头,望向镜子一样澄澈的水面,结果,湖面上并未映出自己的脸。高丘亲王想起了随行者的话。

"据说,在湖水中映照不出脸的人一年以内就会死去。虽然认为这是一种迷信,但高丘亲王还是心中一惊。"

这部作品写于作者去世前一年的夏天。据说,帮涩泽龙彦誊写书稿的妻子龙子看到这一段时比书中的高

第 3 章
衰老与疾病

丘亲王还要震惊，心中顿时涌起一种莫名的不安。涩泽龙彦写完该作品大约一年后去世，终年五十九岁。

我们只能认为涩泽龙彦是在对自身之死的强烈预感中写出了《高丘亲王航海记》。虽然书中的高丘亲王说"始终是一种朦胧的预感"，但亲王也跟涩泽龙彦一样，开始诉说自己喉咙的异物感。

在写这一段的时候，涩泽龙彦的脑海中究竟在想什么呢？高丘亲王和涩泽龙彦都如此话所言于一年后去世了，即便本人当时未必有所察觉，我们也可以看到作者是在通过写出这种似在预言自身之死的文字来与身体进行对话。在这部作品中，高丘亲王最后被老虎吃掉了，所以，涩泽龙彦心中涌动的也许并非"始终是一种朦胧的预感"。尤其是高丘亲王也和涩泽龙彦一样，是从喉咙出现异物感才开始患病的，从这一点就可以充分地认为涩泽龙彦或许是将赴死的高丘亲王这一角色与自己重合起来了。

尽管如此，人往往会认为唯有自己不会死。虽然谁都难免一死，但不到最后的最后，人依然会认为唯独自己绝不会死。关于这一点，后文会详加分析，但不管自己的想法如何，身体都会准确宣告自己死亡的到来。至少会发出警告，告诉我们如果再不采取相应措施就会导致死亡。虽然如此，人们有时依然不听取身体发出的警告。即便那样，身体还是会在本人不知不觉之中慢慢走向死亡，对此，人虽然不甚清楚，但或许会用语言说出或写出来。

从疾病中康复过来

下面我们将生病的过程再写一遍。

（1）我 = 身体→（2）我←→身体（身体的他者化）→（3）受疾病（身体）支配的我

第3章
衰老与疾病

（1）是健康的时候，此时，人往往处于意识不到身体存在的状态下。（2）是生病之后不得不意识到身体存在的状态。一旦进入这种状态，意识时常会被身体所占据，我们将其表示为（3）。

那么，康复是否就是沿着与此相反的过程最终返回到（1）呢？有些疾病，在意识不到身体存在的这个意义上来讲，或许也会无法复原。这种情况下身体是否就不会康复呢？

在这里，我突然想到倘若是苏格拉底会怎么看。如果是苏格拉底的话，他或许还会思考可表示为脱离出身体的第（4）种状态吧［→（4）灵魂］。苏格拉底被判了死刑。但是，即便是在临近行刑之时，他也丝毫未曾动摇。这是因为，在苏格拉底看来，死亡只是灵魂脱离身体，哲学家终其一生所追求的就是这种状态，故而，此时害怕死亡是很奇怪的事情。

柏拉图似乎与苏格拉底的立场有所不同。《理想国》

中有这样一个被称为洞穴之喻的故事。有一个深挖于地下的洞窟，洞窟中囚禁着的人自幼便被捆绑着手脚和头，无法活动，只能看着前方。他们的后上方有燃烧着的火，火光从后面照着人。在火与人之间有条小道通向上方，沿着小道设有低矮的墙壁。当有人拿着道具或雕像之类的东西走在这条小道上时，那些东西在火光的作用下会产生影子投到墙壁上。被捆绑着无法向后回头的人只能看到影子，便会认为那些影子就是实物。

可是，假设他们中的一个人被解开了绑绳，并被强制着站起来向后扭头，会发生什么呢？由于这个囚徒以前看得一直是影子，所以，乍一看到亮光，他会感觉刺眼炫目，即使被告知现在看到的才是更加真实的东西，他也无法即刻去相信。倘若被强制着直接望向火光，由于眼睛会被刺痛，他或许还会试图望向自己经常能够看到的地方。如果沿着一个陡坡将其硬拽到洞窟外面去，他的眼睛会被强光照射得看不清任何

第3章
衰老与疾病

真实事物。但是，一旦被松绑，不久他便会明白位于这个上方世界的事物才是"时常保持恒定普遍状态的东西（实态）"。并且，他也不会再认为映照在墙壁上的影子是真实事物了。

我生病的时候再次想起了柏拉图的这个洞穴之喻。人在生病的时候，或许就是在体验那种由黑暗转向光明的经历吧。就像前文看到的一样，被拍打到班登·贝尔克所讲的无时间之岸上的患者，且不论其是否能够康复，肯定是无法回到原来了。但是，此时患者或许能够看到生病之前看不到的事物。

我所感兴趣的是被解绑之后看到了真实世界的哲学家如果并不被允许留在那个真实世界，而是必须再次返回洞窟之中，那会发生什么呢？西蒙娜·韦伊说，此时，哲学家便又重新化身为自己的肉体。

"总之，经历了灵魂脱离身体到达神身边的死亡之旅后，为了给这个世界以及众生带去超自然的光辉，圣人必须通过某种形式化身为自己的身体。"

我因心肌梗死住院的时候，读了韦伊的这一论述，便觉得活着还是有意义的。前文已经提到过，我们能够从生病这件事中学到很多。我最想告诉大家的就是这一点。

倘若在思考了这些事情之后再回到最初的问题上，或许你会认为柏拉图可能与苏格拉底不同，他不会思考到（4）这一阶段。苏格拉底之所以会否定身体，是因为身体往往会成为思考的障碍。但是，柏拉图似乎依然认可身体的意义。倘若就疾病问题而言，人因为生病而不得不意识到身体之后的康复也许就是重新返回原来的状态（1）。那当然是值得庆幸的事情，但伴随着身体治愈而获得的精神成长也非常重要。并且，即便没有治愈，纵使回不到原来的身体状态，我们依然看到了生病之前看不到的事物，这本身或许就很有意义。倘若能够将它传达给没有生病的人，或许你就

第 3 章
衰老与疾病

能从中发现生病的意义。

如前所述,不回避人类命运现实,不忽视身体发出的呼吁,并积极地去回应那种呼吁,这就是人的责任。当人不是被迫而是主动去承担责任的时候,人与身体之间就会形成一种全新的关系。即便身体发出的呼吁不是肉体的康复,而是脱离生命。人在任何状况下都能够保持自由。

生病的意义——活在当下

患者本人很难去思考生病的意义之类的事情,跟生病中的人谈论那样的事情或许也只有亲密的朋友或者家人才能去做。因为,谁都不会希望自己生病。

可是,即便如此,还是要问一问生病的意义。前文谈到的衰老问题一般来说跟年轻人关系不大，但即便是年轻人也难保不会生病。人在思考生存问题时，根本无法避开疾病问题。疾病也并非只能进行负面理解，生病或许也并不是像健康者所认为的那么不幸。

人可以通过邂逅作为他者的身体，来确立自我。一旦生病，自己与身体之间会出现隔阂，身体会成为对自己来说的他者。自己生病的身体成了对自己来说的他者，据此，与他者之间的邂逅正好会改变自己的状态。或者说，就像他者的存在原本就是我存在的条件一样，由于身体是作为他者展现出来，我的状态也就不得不有所改变。生病的身体成为他者会引起"我"的变化，而且，即便身体已经恢复了健康，人也往往不会再回到生病之前的状态。

当然，也不是所有人都会发生那样的变化。即便是患心肌梗死濒临死亡，那之后的惊人康复也能让人很快回到原来的世界。似乎有人会一边庆幸"活过来真

第3章
衰老与疾病

好",一边却继续着与生病之前一样的生活方式。据说有的医院做完导管治疗当天就可以回家。某家医院的网站上曾写着患者在周末治疗之后,周一就可以去上班。如果是心肌梗死的话,或许并不能这样。的确,也有人会因为考虑到生活现实而无法休息,但就像什么事也没有发生过一样地回到日常生活,这难道不是在有意忽视身体所发出的声音吗?我认为,即便是身患轻微的疾病,很多人也应该会因此而感到过死亡的可怕。即便经历同样的事情,不主动去学习的人就会什么也学不到。

有位护士说过这样的话:"也有人仅仅庆幸一下自己获救了就算完了。但是,请一定要认真思考一下今后的事情,好好休息。您还那么年轻,一定要抱着重活一次的心态好好生活啊!"

阪神大地震之后,我当时曾看到一篇报道说震灾后离婚的夫妻增多。离婚的原因很多是妻子对在地震中扔下自己独自逃难的丈夫感到失望。但是，看了那篇报道之后，我当时想到的是有这种想法的夫妻在地震发生之前关系或许就不好。如果夫妻关系很好，即便是在地震之类的极限状况下，或许也会希望对方能够先逃出去。像这样，经历只不过是一个导火索而已，不会变的人无论经历什么都不会变。

可是，虽然这样的事情的确存在，但生病经历也确实可能成为人发生变化的重大契机。阿德勒曾描述过一位因为有问题行为，父亲甚至想过只能将其送去教养院的少年。

"父亲无计可施，决心将其送入教养院。（可是）孩子患了骨关节结核，在床上躺了整整一年之久，治愈之后便复学了。在那之后，他俨然变了一个人，成为一个可爱而勤勉的孩子。这应该如何去解释呢？这个作为家里第二个孩子的年轻人在漫长的生病期间体会到了被家人优待和照顾的感觉。之前他一直认为自

第3章
衰老与疾病

己是不被爱着的,但生病期间父母对他的辛苦照顾令其明白父母确实爱自己。他能够从事实中领悟,并彻底改正了自己的错误。这个案例告诉我们,要让孩子明白其没有被冷漠对待,有时候并不是靠语言,而是要靠事实。"

这是一个生病经历使人改变的事例。就这个事例来看,这位少年因为生病经历而改变了对世界的看法。也就是说,生病之前他认为他人是自己的敌人,但由于生病期间家人对自己无微不至地照顾,这个孩子知道自己是被爱着的,于是,那之后便无法再继续以前的错误认识和行为了。

不仅如此,就像阿德勒所提醒的一样,生病的时候也不可以抹杀孩子的自立精神。有的孩子知道,生病的时候平时不怎么能够顾上自己的家人往往会精心照顾自己,于是便明白生病能够引起家人对自己的关注。但是,孩子一旦康复,来自家人的关注自然就会减少。

阿德勒所说的被娇惯的孩子往往就无法接受这样的事实。因此，有时候，尽管医学上已经没有任何问题了，但疾病却会再次发作。这是因为孩子无法忘记生病时那种世界围着自己转的感觉。前文提到的那个孩子由于之前对世界的看法太过消极，因此，在认识到自己被重视和珍爱之后或许会非常震惊。虽然他在生病之前存在问题行为，但由于明白了即便自己不那么做，周围的人也不是敌人，而是阿德勒所说的同伴，所以，康复之后就不会再去重复同样的错误了。

并且，患者还会发生下面这样的变化。班登·贝尔克说："所有的事情都会随着时间运转，但患者却会被拍打到无时间之岸。"

一旦生病，人会感到原本认为理所当然存在着的未来也没有了。实际上，并不是一生病就没有了未来，而是在生病之前未来就不存在，但人们那时并未注意到这一点。一旦躺在病床上被迫取消工作计划，就无

第 3 章
衰老与疾病

法再认为明天就是今天的延长和继续。但是，注意到这一点并不单单具有消极性，不再认为明天理所当然会到来，其中或许也有积极的方面。

我认为，知道明天或许不会到来，这也许是一件令人绝望的事情，但它若能够成为人们重新审视过往生活方式的契机，那就是生病带来的好处。并且，通过这种重新审视，我们还能够了解新的生活方式。

明天不再是理所当然会到来，这也许并不仅仅是对患者而言，对于患者身边的人来说也是一样。明天或许不会到来。一旦被医生告知可能患有不治之症，周围的人也会感到绝望。即便无从知道死亡究竟是什么，但谁都无法再与逝者相见却是一个不可动摇的事实。患者和其周围的人都不得不意识到别离。有过这样的经历之后，患者自己和家人对人生的看法都会与过去有所不同。

那么，究竟会如何改变生活方式？一旦生病，人往往就会意识到自己的时间所剩无几。班登·贝尔克说，患者一般并不喜欢前来探望的人"不容分说地跟患者谈论早日康复之类的话题"。当然，那么说的人肯定也是好意，但是，在病中，患者往往会疑心自己根本不会康复或者极难康复。尤其是在知道自己的病一般很难治愈的时候更是如此。即便听人说很快就会好起来，也不会轻易相信。

生病的时候，曾有人对我说"希望您能稍微好一点儿"。虽然我知道探病者一般不会说这样的话，但听其这么说，我却很高兴。如果是正在生病的时候，健康往往是一件离自己非常遥远的事情。因此，"请早日好起来"这样的话有时会感觉难以实现。但是，如果听到有人说"稍微"这个词，则会觉得是一种比较现实的目标设定。并不是全面否定眼下的生病状态，而是在接受当下状况的基础上希望"稍微"地康复，这让人觉得似乎并不是太难。

第 3 章
衰老与疾病

千叶敦子论述了对知道自己时日不多患者说"要加油"之类的话的愚蠢性,或许还真如千叶敦子所言。千叶敦子描写了入住临终关怀医院的患者拒绝年轻神父安慰的故事。明明已经知道自己时日不多,听到别人对自己说"要加油"之类的话或许会更加不知所措吧。

班登·贝尔克说:"对人生误解最厉害的是谁呢?或许是那些健康的人们吧。"

患者其实与没有生病的人是一样的,都没有什么确定的未来。由于得到了及时而准确的治疗,我确实是"获救了",但若是稍有差池便有可能丧命。例如,救护车迟到或者堵在路上,未能遇上看了心电图便可诊断出心肌梗死并会治疗的医生,甚至是未能及时被医院收治等,种种情况都有可能令当时急需救治的我命赴黄泉。

经历了这样的现实之后,我已经无法再做回原来的自己了。倘若健康的人如班登·贝尔克所言对人生存在误解的话，患者又会明白什么呢？那就是关于时间的看法。就像班登·贝尔克所说的一样，患者会被拍打到"无时间之岸"。在那里，时间不再存在。没有了时间是什么意思呢？那就是指明天会如期而至地理所当然性地崩塌。但即便在那个意义上时间不再存在，人依然要继续活下去。那么，被拍打到"无时间之岸"的患者究竟应该如何度过之后的人生呢？

我又想起了住院前所出的著作《接受幸福的勇气》和《不逃避的勇气》中的内容，并暗自盘算今后只能选择亚里士多德所讲的现实活动态的生活方式了。

亚里士多德曾将运动与现实活动态进行过对照论述。普通的运动往往会有起点与终点，其目的多为尽早高效地到达终点。例如，上班或上学的时候，一般都想要尽早到达工作单位或者学校。那种时候，从自己家到目的地的运动，其本身并不是目的。也就是说，到达目的地之前的运动在尚未达到目的这个意义上来

第 3 章
衰老与疾病

讲是未完成、不完备的。重要的不是"逐渐完成的过程",而是在多长期限内"已经完成了"多少事情。

与此相对,在现实活动态中,"逐渐完成的过程"其本身就"已经完成了"。作为现实活动态的行动常常就是完整的,与"从哪里到哪里"这种条件以及"在多长期限内"之类的时间限定都没有关系。跳舞或许就是一个很好的例子。跳舞的时候,跳动本身就具有意义,也许并没有人会想要通过跳舞这一手段去往什么地方。作为跳动的结果,也许会到达某一个地方,但一般不会有人会以到达某地为目的而跳舞。旅行或许也是这种现实活动态的一个例子。在旅行中,高效地到达目的地并没有意义。到达目的地之前就已经在旅行了,到达目的地并非旅行的目的,旅行自踏出家门的那一瞬间便开始了。每一个时刻都是旅行。在旅行中,时间以不同寻常的方式开始流动。高效的旅行并没有意义。

那么,"活着"究竟是属于哪一类呢?是静态意义上的运动还是作为现实活动态的运动呢?面对"你现在正处于人生的哪个阶段"这一问题,很多人会将人生想象为一条直线,如果是年轻人的话,往往会指向左边,而若是年长者,则一般会指向右边。如此回答的前提是基于这样一种思维:这条直线始于出生而终于死亡。但是,也有人会说自己离人生的折回点(中间点)还很远,但我很想问问他究竟是怎么做出这种判断的。因为,那种回答是以今后还能活很久为前提的,但实际上,或许其人生很早就已经走过那个点了。但这只有到后来才能知道。

本来,我们究竟能否像这样对人生进行空间性的想象,并以始于出生终于死亡这样的线段形式将其具象化,它也并非不言自明的事情。反而是那些不做这种设想的人似乎更接近人生的真实。如果要说活着究竟是静态意义上的运动还是作为现实活动态的运动,那或许正如亚里士多德所言,属于后者吧。即便哪

第 3 章
衰老与疾病

里都到达不了,也不要消极等待,要"活在"每一个"当下"。

倘若这么想,即便人生突然终结,也不至于会有壮志未遂便英年早逝之类的遗憾。虽然不知道明天会如何,但不要等待明天,让生命在当下完成。即便是生病,这种想法也未曾动摇。

如此想来,便会觉得其实并不必刻意期待身体康复。有人说正是在生病之后才懂得健康的可贵。的确如此。但是,谈论健康的可贵,那或许还是以能够再次找回健康为前提。一旦得了不会康复的病,就只能痛苦绝望吗?

北條民雄说,自己生病以来满眼看到的唯有"对生命的热爱",明白了"生命本身的绝对可贵性"。虽然生病之后也会懂得健康的可贵,但当今后无望好转的时候,不是只想着健康(因为那已经无法找回了),而是懂得北條民雄所说的"生命本身的绝对可贵性",

这似乎更能确切表达出患者的心情。

通过生病，希望大家能够更好地活在这种作为现实活动态的生命中。生病之后，未来不再那么理所当然。如此一来，便再无法回到过去。活在作为现实活动态的生命中就是不把明天当作今日的延伸来过。我时常会想起在医院里度过的那些日子。医院的夜晚来得很早，晚上九点便早早地熄了灯。熄灯之后，我往往会借助阅读灯继续看书，时常会直到深夜也睡不着。有时候，巡视的夜班护士会问："还睡不着吗？"听了这种不带任何批评意味的话，我竟然能够安稳入睡了。最初的时候，我也曾害怕自己会一睡不醒。不久，当我不再去想着仅仅去延长生命，而是更在意能够幸福、满足地度过今天之后，终于能够安稳入睡了，就连早上护士到房间里来抽血都影响不了我睡觉。

第 3 章
衰老与疾病

自由的精神

前文提到幸运很大程度上依赖外在因素,而幸福则不依赖外在因素。当我的母亲四十九岁因脑梗死病倒的时候,我就深深体会到了这一点。看着半身不遂,不久便丧失了意识,只能躺在床上的母亲,守在病床前的我就一直在思考人到了这个时期活着的意义究竟是什么。即便有金钱或荣誉,倘若动都动不了,那些东西也起不了任何作用。我自己因心肌梗死病倒的时候也产生了同样的想法。依赖于金钱或荣誉之类的外在因素,并且也幸运地得到了这些东西的人,一旦生病并明白这些东西无效的时候,或许就会丧失生存的喜悦。至少,如果仅仅只有这些外在因素,人并不会因此而自动获得幸福,它们还有可能让人陷入不幸。

被称为汲取了苏格拉底思想的犬儒派哲学家第欧根尼没有任何财产,平日就住在一个废弃的酒桶里。即便如此,他还有一个用来喝水的碗。某日,第欧根尼看到一个孩子用手掬水喝。第欧根尼惭愧地说"我不如这个孩子",然后就将自己仅剩的那个碗也扔掉了。

那么,这是否就代表我们可以将自己拥有的一切都舍弃掉呢?或许并非如此。虽然有点儿偏离话题,但我还是想在这里介绍一下《圣经·新约·马可福音》里的这个故事。

某人问耶稣如何能够获得永生。耶稣告诉这个人说要遵守一些戒律,比如,不可杀戮、不可奸淫、不可偷盗、不可做伪证、不可强取豪夺、必须孝敬父母等。那个人说:"这些戒律我从小时候便一直严格遵守。"于是,耶稣又对其说:"还有一点做得不够。回去之后变卖自己的财产,然后去救济穷人。"听了

第 3 章
衰老与疾病

耶稣的话，他的神情顿时变得忧郁不安，悲伤地离开了。因为，这个人的产业有很多。在这里，耶稣所说的或许并不是仅仅作为形式去卖掉所拥有的财物。当然，这个故事也是在批判这个人只是为了获得永生而在形式上遵守其他戒律。

《圣经·新约·路加福音》里还写到过某位律法学者问耶稣如何获得永生的场景。对于这个问题，耶稣回答说："去爱你的邻人。"对此，律法学者继续问耶稣："我的邻人是谁。"耶稣并未直接回答他的问题，而是讲了下面这个撒玛利亚人的例子。

有一个犹太人遭强盗袭击倒在了地上，从那里走过的神父或路人都假装没看见。但是，只有一位撒玛利亚人走上前去照顾他，将其带到旅馆并为其支付了房费。讲完这个故事，耶稣对那位询问永生之法的律法学者说："去吧！你也去做同样的事情吧！"

耶稣在这里并未对邻人之爱做出定义，而是举出了一个范例,这一点很重要。

"耶稣并没有以伦理规范的形式来宣教神的意志,说一些在什么条件下对谁必须做什么事情之类的戒规。他的思想既不是法律也不是伦理。"

如果有人问阿德勒何谓共同体感觉,恐怕他也只能像耶稣一样回答吧。阿德勒说,没有经验的治疗者有时会对患者说些"你没有共同体感觉""你不关心他人""你有自卑感"之类的话,讲授一些个体心理学方面的理论,但这只能是一种有害做法。阿德勒所讲的下面这件事让我想到了撒玛利亚人的故事。

有位老妇人在要去乘坐公共交通的时候,脚下一滑摔倒在雪中,怎么也起不来了。但是,很多人都是匆忙从她身边走过,而没有去帮助她。终于有一个人走过来帮助她。在那一瞬间,有另一个人也飞奔过来。期间,他一直躲藏在某个地方。"终于有个令人钦佩的好人出现了。我在那里站了五分钟,就是想看看是

第 3 章
衰老与疾病

否有人会来帮助这位老妇人。你是第一个走过来帮她的人。"这个人错在哪里,或许非常明显。

重新回到第欧根尼的故事,这里想要说的实际上并非舍弃形式上的财物,而是放下对物质的执着,获得精神自由。关于第欧根尼,还有下面这样一个故事。

说的是亚历山大大帝拜访第欧根尼的时候的故事。亚历山大继位马其顿国王之后,被推举为征伐波斯的联盟统帅,很多政治家或哲学家都前来祝贺,但当时正生活在科林斯的第欧根尼根本不关注亚历山大大帝,悠闲地过着自己的日子,因此,亚力山大大帝亲自去拜访第欧根尼。

恰巧赶上第欧根尼正在晒太阳。因为人们都涌到了那里,所以,他便稍稍起身盯着亚历山大大帝看了看。亚历山大大帝跟他打招呼说:"你就没有什么想要的吗?"第欧根尼回答说:"请你让一让,别挡着我晒太阳。"

无畏的勇气
"自我启发之父"阿德勒的生命哲学课

　　亚历山大大帝问第欧根尼是否害怕自己，而第欧根尼淡淡地回答说不害怕。亚力山大大帝则说，如果自己不是亚历山大大帝，那自己还真想成为第欧根尼。这个故事广为人知。可以想象得到，当第欧根尼正在晒太阳的时候，戒备森严、全副武装的士兵们突然涌过来，而年轻的亚历山大大帝还高高在上地对年近七十的第欧根尼说有什么愿望尽管提出来，这确实有点儿失礼。不管面对何人，希望大家都能像第欧根尼一样自由。

　　当生病之后失去一切的时候，我就成了第欧根尼。

第4章

死亡

死亡

人生在世不可避免的便是死亡问题。对此究竟有多大程度的认识会因人而异，但人的生命最终都要走向死亡这一事实肯定会对人的生活方式产生影响。

人都无法摆脱死亡。活着的时候，有时会目睹他人的死亡。但是，那终究是作为第三人称的死亡，而不是自己的死亡（第一人称的死亡）。因此，虽然知道人终有一死，但或许心中还是隐隐存在一丝侥幸，认为唯独自己不会死吧。

在陀思妥耶夫斯基的《白痴》中，有一个梅诗金公爵讲述死囚故事的场面。这个死囚在即将被行刑前因遇到特赦而罪减一等，最终免受死刑，但在被宣告枪决之后的二十分钟时间里，他坚信自己必死无疑，并描述了那期间难以忍受的恐惧。如果不是死刑，即便是身负致命伤，不到最后时刻，人肯定会心怀获救希望，但死刑确实会夺去人"最后的求生希望"。

这个男人原本还指望着官署多少能走一走形式，按照程序去办理自己的枪决手续，想着自己被执行枪决可能尚有一周的时间，但未曾想枪决手续因故缩减了。某日早上五点，他突然被看守从睡梦中叫醒。

"怎么了？"

"九点以后行刑。"

男人原本还以为枪决文件怎么也得一周才会批下来，但当他很快清醒过来之后，便停止挣扎，闭口不言了。

"即便如此，还是有些突然啊……"

第 4 章
死亡

被救护车拉去医院并被医生告知是心肌梗死的时候，我的感受也是如此。

不可避免的死亡，突然而至的死亡，面对这样的死亡是否依然能够保持生存的勇气，我们需要思考的问题有很多。

我想在讨论了疾病之后进一步讨论一下死亡问题，但首先要将真死亡问题与伪死亡问题区分开来。

伪死亡问题

神经症者很害怕失败，因为在其看来失败是一种对其虚荣心和威信的威胁。如果没有成功的把握，就不愿去面对课题。害怕一旦失败就会丧失自尊、威信，或者地位降低。因为想要形成一种由于自己有这些症状才无法面对课题的认知，所以便将难以完成课题归因于神经症。神经症是为了实现这一目的的必要症状。关于神经症，阿德勒做出如下解释。

神经症者害怕一旦失败便会失去自尊和威信之类的东西，如果那种刺激过于激烈，就会想去选择死亡。因为，他们往往认为只有通过死亡（自杀）才能避免这些东西的丧失。

来看一下阿德勒举出的下面这个事例。一位刚结婚六个月的三十岁的教师因为经济不景气而丢掉了教师职业，她的丈夫也没有工作。因此，尽管十分不情愿，但她还是决定去做一名公司文员，每天乘坐地铁去上班。

某日，她在单位突然觉得自己如果不立刻从椅子上站起来就肯定会死掉。同事把她送回家之后，她马上便从那种刺激中恢复过来了。但是，那之后，每次一坐地铁，死亡念头就会向她袭来，使她根本无法再

第 4 章
死亡

继续工作。

从这个案例中能看出什么呢?阿德勒做了如下推测。

"她肯定有着强烈的虚荣心、骄傲,恐怕还有被夸大的自我意识(自尊心),而缺乏共同体感觉和行动力。"

并且,阿德勒还将这视为被娇惯的孩子的生活方式特征。

曾经是教师的她即便被生活所迫,但恐怕依然无法忍受去当一名公司文员,认为那样做"有失身份,是彻底的失败"。

但是,这种推测是否正确,必须通过对其加以印证的成长史来进行确认。哪怕分析之后显示以上推测有误。

她在三个兄弟姐妹中排行第二。她上面有一个姐姐，下面有一个弟弟。第二个孩子往往会想方设法超过第一个孩子，而她正是这么做的。姐姐在不和悦的父亲面前非常听话温顺，也总是能够通过哭闹来达成自己的愿望。也就是阿德勒所说的"水的力量"。被对方一哭闹父亲便心软，继而答应其要求。她曾经就是通过这种力量来获得姐姐得到的东西。姐姐期末考试时得到了母亲送的戒指。她也坚持说想要，并且会一直哭闹，直到得到了一个相同的戒指。深得父亲宠爱的弟弟是她的强敌。父亲对妻子和两个女儿并不怎么关心。父母的婚姻也称不上幸福。因此，她一直认为男性不可信赖。当被问到婚姻生活是否幸福的时候，她痛哭着说自己是最幸福的女人。再问她那为什么要哭，她则回答说是因为总是害怕这种幸福不会长久。从这里可以看出，无论是现实事件还是潜在事件，失败都令她惶恐不安。对此，阿德勒解释说："她所期待的明确的最终目标是，通过习惯性地（虽然并不了解其中的关联）表明自己是一个容易不安并

第4章
死亡

需要周围人照顾的人来强化优越性和安全感。因此，她就像所有的神经症者一样，属于前述那种不懂得关心他人，而是视他人为榨取对象，几乎不展示出任何行动力的类型。"

那么，再回到死亡问题，她乘坐地铁的时候出现了惊恐症状。为了保住自身，她在自己和她认为有失身份或者可能失败的工作之间设置了一个死亡问题。她所做的梦也展示出相同的情况。她的梦中出现了故去的人。就这样，她在睡着的时候也无法摆脱死亡问题的困扰。

她似乎是想要说："与其继续做这种工作，还不如死了好。"但是，阿德勒分析说，她最终期待的绝不是什么死亡，而仅仅是放弃工作。

前文提到，她觉得自己父母的婚姻并不幸福，因此自己无法相信男性，但这只是她将父母婚姻的不幸福当作自己无法相信男性的理由，两者并不存在实际上的因果关系。这是她必须从记忆中搬出的理由,死亡问题也同样是她为了让自己和他人都承认自己无法再继续工作下去而搬出的理由。这种为了回避人生课题而搬出的借口,阿德勒称之为"人生谎言"。

重新回到前面的话题,正如陀思妥耶夫斯基所指出的一样,没有人愿意去死。即便身负致命重伤,也不认为自己会死。陀思妥耶夫斯基也许正是基于自己的亲身体验,才让梅诗金公爵说,被宣告死刑而难免一死者的痛苦远远大于那些即使被暴徒袭击,头破血流,身负致命之伤但仍然心怀获救希望的人的痛苦。

阿德勒在同一篇论文中还举出了一位五十岁男性的案例。这个男人一登上高楼便会产生一种从窗户中跳下去的冲动。这种症状始于青春期,变得强烈则开始于他虽然取得了工作上的成功,但却必须去拜访身居高位者之时。

他是家中最小的孩子,曾具有被娇惯的孩子的所有

第 4 章
死亡

特征,但现在已经将其中的大部分克服掉了。阿德勒在其他著作中也引用过大体相同的案例,只是患者的年龄有些不同。在这里,患者其实是在说,虽然自己具有从窗户中跳出去的冲动,"但是,我却克服了那种冲动,依然坚强地活着,我战胜了自己"。

这个人具有下面这样的早期回忆。

"初次去上学的日子非常恐怖。在学校,我遇到了一个男孩子,他差点撞倒我,当时我吓得简直失魂落魄。但是,自己还是用尽全身的力气猛扑过去。"

阿德勒解释说,在这个案例中,患者是想要通过克服在刺激中产生的死亡恐惧来感受自己是一个胜利者。阿德勒说:"'但是'这个了不起的词语具有极其丰富的含义,可作为一种对自卑感的补偿。"但他在做出这种肯定性评价的同时也指出了事情的另一面。那就是,这个人以后在工作中也会像孩童时代一样从克服恐惧这件事中去寻找英雄主义,但这样的做法是一种"孩子气的游戏",是为了保住自身价值的"假想式方法"。一旦他明白了其中的关联,死亡恐惧、从窗户中跳出去的冲动或许就不再需要了。

我想将以上案例中展现出的死亡问题称为伪死亡问题,如果这一表达方式太过激烈的话,那就称之为表面性死亡问题。我认为,理解了这一点之后,即便是这样的表面性死亡问题得到了解决,人也无法真正摆脱死亡问题的困扰。为了与刚刚那个表达方式形成对比,可将其称之为真死亡问题。

即便并不常常意识到

既然死亡不可避免,那人在活着的时候就必须要面对这个问题。尽管如此,人也并非总是想着这个问题。

第4章
死亡

前文提到的陀思妥耶夫斯基的《白痴》中出现的死囚在得知自己活着的时间就只剩五分钟的时候，感觉这五分钟仿佛一段无限长的时间和一笔莫大的财产。因此，他决定将这五分钟的时间做如下分配。

首先拿出两分钟时间与朋友道别，然后留出两分钟时间最后一次思考自我，最后将剩下的一分钟时间用来与这个世界惜别，再好好看一看周围的风景。这个男人执拗地看着被明亮阳光映照得光辉耀眼的教堂的金色屋顶。所谓的临终之眼讲的或许就是如此吧。

据这个男人讲，知道自己将死之时，最痛苦的就是脑海中不断浮出下面这样的念头。

"如果死不了会怎样？！如果捡回一条命会如何？！那一定是无限长的时间吧！并且，那无限长的时间就完全属于自己了！倘若那样，我一定将每一分钟都当作一百年去珍惜，对每一分钟都精打细算，绝不浪费一分一秒。不，无论什么东西都绝不去浪费！"

无畏的勇气
"自我启发之父"阿德勒的生命哲学课

这种念头最终变成了一种强烈的愤懑情绪，他甚至因此而希望自己尽快被枪决。

免于死刑的男人获得了"无限长的时间"之后又怎么样了呢？据说他并没有一一精打细算，还是浪费了许多时间。这个故事很有现实感。我非常明白浪费许多时间的意思。并且，我也认为能够那样无须"精打细算"地活着实在是一件非常幸福的事情。

我想起了自己被急救车送往医院时心中浮现的一些念头，当时就在想自己就这么简简单单地死去还太早了吧。即便那样，那时候我似乎也并不认为自己会死。就那样发着呆，也无暇去想最后的五分钟自己要思考些什么。当支架手术结束的时候，我异常兴奋，不停地说话。被担架床送至病房，听到医生说"大约得住 个月的院"时，我虽然觉得 个月实在太过漫长，但在那一瞬间也确信自己已经生还。尽管我实际上仍然处于前途叵测的状态之中。

第4章
死亡

那之后，我也像前文讲到的那个男人一样并没有小心翼翼地去过每一分钟，但我也已经无法回到原来的生活状态了。虽然我并未经历什么神秘的临终体验，但在从死神那里捡回一条命这个意义上来讲，也可以说是经历了一次临终体验。我并不是要简单地谈什么生还之后就不再惧怕死亡之类的话题，而是想将自己通过这种体验学到的东西传达出来。

勿将死亡无效化

为了逃避死亡恐惧，人往往会将死亡无效化。也就是有意识地让自己觉得人一般并"不会"死。不过，有的人认为虽然与现在的形态有所不同，但人死后并不会归于虚无，而会以某种形式继续存在。另外，也有人认为人死后与活着时并无什么不同之处，甚至可以借助灵异者的力量与死者交流。

库伯勒·罗斯说："死亡只不过是换一种方式存在。"这是罗斯晚年才得出的一个观点，但死亡真的就仅仅是"换一种方式存在"吗？罗斯于2004年8月24日去世，大卫·凯思乐说，罗斯临终之时她的崇拜者们或许都在紧张期待着会有奇迹发生。当然，最终什么也没有发生。在《卡拉马佐夫兄弟》中，佐西马长老去世时，人们都希望会有奇迹发生，但实际上，佐西马长老的尸体比普通人的尸体腐臭得还要更快。

即便没有奇迹出现，但还是有很多人期待人死后会有另一个世界存在。我认为人只要还活着就不能总是去顾虑死亡，但也无法赞成这种将死亡无效化的观点。面临死亡者或者是那些痛失亲人者希望有一个死后世界的心情可以理解。正是因为能够相信人死后并不会归于虚无，面临死亡者才能克服死亡恐惧，痛失亲人者才能减轻悲伤。

第 4 章
死亡

很年轻便去世的母亲可以说是为孩子们奉献了一辈子，却在刚刚可以开始享受人生的时候去世了，我也曾想过母亲这样的一生是否得到了回报。希尔蒂曾说："世上有些罪恶并未受到惩罚，这在我们看来，并不是一切善恶都会在今世有所报，因此，它或许也证明了一定还有来世存在吧。"

这种信念也没有错，而且我也宁愿真如其所言。不过，就我自身来讲，依然无法寄希望于这种无处证实的信念，即：倘若恶人未受惩罚，好人未得回报，那就证明一定还有来世。

克服死亡恐惧

我曾经写过"死并非作为一种特别的存在独立于生之外，而是生的一部分"这样的话。前文提到的罗斯曾说:"重要的不是去了解'接受死亡的五个阶段'的理论,也不是生命的丧失,而是能够把握的生命。"对此,我深以为然。

首先,我这么写并不是想要将死亡无效化。虽然并不了解死亡究竟是怎么一回事,但在死亡到来之前做好迎接死亡的准备依然是人生的一个重要课题。而且,如何面对死亡,虽然这个课题有些沉重,但与人面对其他人生课题的本质基本一样。一个人不可能单独拿出一种与应对其他人生课题不同的独特态度去应对死亡课题。

其次,我要说的是,不管死亡是什么,人都可以幸福地过好当下的生活。倘若因为死亡临近,就必须去改变生活方式的话,那或许是之前的生活方式就存在问题。因此,如果一直秉承不去期待被赞美的生活方式,那即便没有希尔蒂所说的来世回报也没有关系。

再次,我这么写的时候,心中想到了苏格拉底说过

第 4 章
死亡

的话：认为死亡是一件恐怖的事情，这代表明明并不了解死亡但却自以为了解。可是，我们也并不清楚死亡究竟是否是"一切善中最大的善"。总之，也许我们并不能完全排除死亡即善的可能性。

尼采的《查拉图斯特拉如是说》开始于"欣然享受了十年孤独生活"的查拉图斯特拉下山。某日，查拉图斯特拉寻找泉水的时候来到了一片碧绿的草地上。那里，一群少女手牵着手在跳舞。她们看到查拉图斯特拉之后便停止了跳舞。但是，他非常友好地走过去对她们说："可爱的少女们啊，请继续你们的舞蹈吧！来到你们近旁的并非目露凶光的败兴者，也不是你们的敌人……我宛如一片森林，又似幽暗林中的一片黑暗。但是，不惧怕我的黑暗者也将会在我的柏丛下觅得美丽的玫瑰之坡。"

这里所说的"幽暗林中的一片黑暗"也许是死亡的比喻。死亡这种事，只要活着就无法体验到，即使有人经历过濒死体验，但在无法从经历过死亡体验的人那里了解到死亡究竟是什么这个意义上来讲，它绝对是无法还原为已知的他者。因此，死亡可谓是一片黑暗，但却并非"敌人"。田中美知太郎说："死亡的自觉正是对生命的热爱。"不回避死亡，反而能够更好地去热爱生命。作为这种他者的死亡未必可怕。那跟人际关系中的他者一样，并非敌人，就像前文分析八木诚一正面构造理论时所看到的那样，作为他者的死亡反而会促进自我的完成。

尽管能够这样想，但对于人最终都要面对的死亡持否定看法，或许其中还是有某种目的，我称其为面向未来的原因论。就像认为过去发生的事情是现在状态的原因一样，在当前这个时间点上认定将来发生的事情会成为现在以及今后事态的原因。一旦形成这样的认知，这种将未来纳入涵盖范围的原因论就会让人在面对困难课题时免除为解决课题所付出的巨大努力（准确来讲应该是，自认为能够免除那种努力），减

第4章
死亡

轻自觉不幸或者即便现在幸福将来失去幸福时所受的打击。从其具有这样的目的这一意义上讲，虽然尝试着称其为面向未来的原因论，但它仍然是一种目的论。

人为什么会惧怕衰老、疾病和死亡呢？就像阿德勒考察其他一切问题时所做的一样，思考这个问题，需要仔细考察那种恐惧背后的目的是什么。换个角度来讲，倘若人能够认为自己可以解决人生课题，那么衰老、疾病、死亡就不再是什么可怕的事情，前面看到的伪死亡问题，死亡本身所固有的问题就能被看见了。

虽然我并不清楚死亡究竟是怎么回事，但生病之后却对其做了非常认真的思考。以前，我往往认为，即便人不会不死，但如果就像小河与大海融为一体那样失去了自己独特的个性的话，或许与死也没有分别。我以前常常思考个人性的死亡。那些可以让我之为我的是人格。以前，我希望那种人格死后也以某种形式被保持下去。

但是，生病之后我的想法发生了变化，觉得即便是人格或个性因为死亡而与某种更广大的东西融为一体，甚至是死后的一切都归于虚无也没有关系。出现这种变化的原因首先是因为我能够用前文提到的八木诚一的正面构造理论来思考这个问题了，明白即便是现在活着的时候，我这一人格也不会仅仅借由自己来完成。这种人格虽然不清楚死后会怎样，但即便是现在，它实际上也并非与他人隔离开来的一种"个"性。

其次，就像之前看到的一样，阿德勒指出了执着于自我所带来的问题。如果不是首先去考虑"我"会如何，或许就不会惧怕自我的消失。生病之后，我开始这样想。并且，就像人们经常说的那样，即便我被人遗忘，那也没有关系。虽然我希望自己不要忘记已故者，但我不能期待他人也这么做。

第 4 章
死亡

在西塞罗的《论老年》中,作为叙述者的加图对于自己敬爱的人这样写道:"如果这个人去世了,那就没有值得我去受教的人了。"的确,我们已经无法再从已故者那里直接学习什么了。但是,那个人也留下了很多教诲。我们可以铭记其说过的话。据此,我们可以好好思考一下已故之人究竟想要表达什么意思。有时候,我会惊叹于已亡故数十年的人曾说过的话竟然会对自己产生莫大的影响。对于已故者来说,这也是永生的一种形式。

流传后世

阿德勒曾说:"(人生)最后的考试是对衰老与死亡的恐惧。通过意识到自己对孩子或者文化发展有所贡献而坚信自己会'永生'的人不会害怕衰老和死亡。"

为了克服自卑感，人需要觉得自己能够对他人有所贡献。在其他地方，阿德勒曾说，人的时间有限，人生的最后势必要面临死亡，而令那些希望自己不会从共同体中完全消失的人看到"永生"希望的就是，为整体的幸福做出贡献，作为这方面的例子，他举出了孩子和工作。

"我"是否会永生，这并不怎么重要。虽然形式会因人而异，但在这个世上留下些什么，并对后世之人有所贡献，这件事本身或许就很有意义。

西塞罗引用了阿提库斯的"为下一代植树造林"这句话。即便是现在播下种子，或许自己也无法亲眼看到其开花结果。尽管如此，农夫依然勤勤恳恳地埋头于看似与自己无关的工作。

"的确，如果我是农夫，无论多么年老，倘若有人

第 4 章
死亡

问我在为谁植树,那我会毫不犹豫地回答说:'为了永生的众神。众神也希望我并不仅仅是从先祖那里继承,也要对后世有所传承。'"

在农夫那种传承给子孙的决心之下,树木将会子子孙孙永世相传。对此,中务说:"植树或许真的代表了一种人必须遵从的、可以让灵魂永生的生活方式。"

小时候,我吃完柿子之后,曾将种子种下。然后问祖母什么时候会结出柿子。于是,祖母回答我说:"等奶奶死了之后。"那一瞬间,还是孩子的我第一次意识到了死亡的存在。后来,祖母、祖父、弟弟相继去世,我开始越来越强烈地意识到死亡。那也成了我在之后的人生中学习哲学的契机,现在想起来,祖母那时竟然说出了暗示自己死亡的话,实在有些不可思议。说这话的时候,祖母还很健康,不久,她便得了不治之症。

虽然祖母患病并非因为我种下的柿子种子,但确实是在那之后,柿子树开始生长,不久便开始结出果实。可是,那时候,祖母已经不在这个世上了。

柳田邦男介绍过开高健将马丁·路德的话稍作变更之后写给与疾病做斗争的朋友的话。被认为是马丁·路德所说过的原话是"即使世界明天终结,我也要种下苹果树",据此,"稍稍追加了一点儿开高健风格的话"。

即便地球明天毁灭,你今天也要种下苹果树。真是如此啊……

据说,朋友将开高健的这句原本用钢笔写在稿纸上的话镶了个框挂在墙上,作为心灵寄托,支撑自己活下去。

读了赖藤和宽在《癌症斗争记》中写下的"再见吧,朋友",我百感交集。记不起来什么时候读的这本书,但我在赖藤和宽引用的马丁·路德的这句"即

第 4 章
死亡

使世界明天终结,我也要种下苹果树"这句话的那一页折了个角。

对于马丁·路德所说的种苹果树或者是西塞罗所说的为下一代植树,我们当然不必照字面意思去做。即使自己看不到成果,只要给后世留下些什么,那就会带给人"永生"之希望。

进一步讲,也可以是一些无形的财富。内村鉴三于《给后世的最大遗产》中说,在谁都可以留给后世一些东西这一意义上来讲,"最大"的遗产不是金钱、事业、思想(这些都可成为留给后世的重要遗产),而是留给后世一种生活方式。但是,是否任何一种生活方式都会流传给后世呢?这是一个非常困难的问题。实际上,内村鉴三是这样写的:"在我看来,有一种遗产,人可以将其留给后世,影响后人,且这种遗产有百利而无一害。那就是勇敢而高尚的一生。"

并不是什么样的人生都可以，内村鉴三说要留给后世的是"勇敢而高尚的一生"。这就是说，在这世上，我们要摒弃悲观失望，满怀希望和欢喜地去拥抱生活、度过一生，并在离开这个世界的时候将那种信念作为"留给世界的礼物"。

谈论留下生活方式的时候，我们实在是无法脱离开具体的、伴我们走过了一生的生活方式。但是，重点在于通过自己的一生所要传给后世的东西。就被传承者而言，其当然不想忘记传承者，但通过传承者的生活方式学到了什么才更为重要。

好好活着

我们不知道死亡究竟是怎么一回事。而且，也没有人知道自己到底能活多久。如果是自己无法决定的

第4章
死亡

事情，即便是为其烦恼也没有意义。就像阿德勒所言，这个世上有太多的人活得非常困难，仅仅为了生存便已经竭尽全力。倘若是那样的话，或许也就只能尽力过好眼前生活，而不能一味想着长寿之类的事情。可以说，阿德勒所说的"重要的不是被给予了什么，而是如何去利用被给予的东西"这句话适用于生活中的所有问题。

我记得苏格拉底曾说过下面这样的话。也就是，不能在意自己能活多长时间，不可执着于生命。

"把那些事情交给神去处理，相信那些说谁都逃不出既定命运的女性们的话，然后就必须去考虑怎样才能最大化地过好今后的日子。"

这并不是说为了不去考虑死亡就只将注意力投向好好活着。处于充实恋爱关系中的人一般不会惴惴不安地担心恋情是否能够继续。反过来也可以说，如果充实得根本无暇担忧将来的话，那种爱情往往也会有一个美好的结果。不够充实的时候，我们往往就会一味担忧未来之事，继而陷入不安之中。

人生也是一样吧。如果专心于好好过日子的话，那我们就不会过度担忧未来之事，也没有必要去担忧。或许也可以说，倘若过分在意死后会如何的话，那很可能是因为这辈子没能好好活。

苏格拉底说："必须去考虑怎样才能最大化地过好今后的日子。"这与苏格拉底下面的这句话形成了呼应。

"重要的不是活着，而是好好活着。"阿德勒也说："人生有限，但足以活出价值。"

就像前面已经看到的那样，阿德勒曾说："唯有自己的行为对共同体有益之时，我才能感到自己有价值。"这里所讲的"有益"与说"好好活着"的时候的"好好"同义。这可以看作是阿德勒给苏格拉底的

第 4 章
死亡

"重要的不是活着,而是好好活着"这句话赋予了具体内容。

至此,我们思考了与生命相背离的衰老、疾病以及死亡,接下来我们要将话题重新拉回到生存问题上。

第 5 章

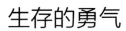

生存的勇气

生存的喜悦

诗人金子光晴曾写到自己生平第一次思考自杀问题时候的事情。

"那时候，我感到自己正躺着的床下有地球在转动。心中无比激动，那种满溢的感情并不是悲哀，而是一种饱满的、类似于足以震惊整个世界的大笑发作之前的心情。由此，我心生一个想要逐步去实现的计划以及坚决执行的勇气。"

阿德勒经常使用"生存的勇气"这个词。活着的确是非常辛苦，但大家还是不要把生活看得太过沉重，要尽情感受生存的喜悦，哪怕等待我们的并不都是愉快的事情。某日，在候诊的时候，我突然意识到唯有死亡是尚未经历但却是迟早会到来的事情。过去没有一个不死之人,现在活着的人迟早也都会走向死亡。正如苏格拉底所言,惧怕死亡就是自以为了解不了解之事。直面死亡可能需要勇气,但如果借用金子光晴的话来讲,以类似于大笑发作之前那种激动雀跃的心情去迎接死亡或许也是有可能的,而且,那一刻,我突然觉得也许真的可以那么做。

前文分析了既不是乐天主义也不是悲观主义的乐观主义,这是一种虽然不知道结果如何,但也并不去顾虑太多,而是尽力而为,先从能做的事情入手,积极致力于解决课题的姿态。

患心肌梗死一年后,我决定接受搭桥手术。这次手术并非紧急手术,虽说我的体内还有一些比较狭窄的冠状动脉,但却是在症状比较稳定的状态下进行的一次手术。不过,这种需使用人工心肺并在抑制心脏跳动状态下进行的手术按道理来讲还是会令人非常害

第 5 章
生存的勇气

怕。手术当天的早上,主刀医生来查房时,气氛还是很紧张。中岛昌道医生对我说:"不必勉强自己保持笑容嘛。"听了中岛昌道医生的话,我回答说:"还真有些害怕啊!"然后,中岛昌道医生回答我说:"害怕倒也正常。对于这次手术(虽然有压力,但)我非常有把握。"中岛昌道医生的话打消了我手术前的恐惧。我不认为做过逾六千次手术的中岛昌道医生这么对我说的时候不了解任何手术都存在不测风险。中岛昌道医生一定是觉得越是在这种时候越要能够说些自信的话。

手术前的三天里,就手术方法,我与中岛昌道医生和高桥章之医生分别讨论了一个小时,还与井上知也医生讨论了三个小时。作为患者的我虽然最终只能是听从医生的安排,但由于事关自己的性命,所以也不能什么都不管。做好一切术前准备之后,我怀着满满的生存的勇气,等待着手术的到来。

时刻准备着

如前所述,疾病和死亡有时会突然而至。但是,虽事发突然,但也并非什么都做不了。

保罗·奥斯特八岁的时候,在美国职业棒球大联盟比赛的赛后第一次见到了纽约巨人队的威利·梅斯。脱下棒球服换上便服的梅斯就站在奥斯特的面前。奥斯特鼓足勇气说:"能请您给我签个名吗?"梅斯爽快地回答说:"好啊,没问题!"但他接着问道:"小朋友,你带铅笔了吗?"可是,奥斯特并没有带铅笔。其父亲以及在场的大人们谁都没有带铅笔。他耸了耸肩说"真糟糕",然后便黯然走出了棒球场,消失在夜色中。

第 5 章
生存的勇气

从那之后,奥斯特无论去哪里都会随身携带着铅笔。虽然并不是要用铅笔干什么,"但要时刻准备着。既然因为没带铅笔遭受了一次突然打击,那就不想再遇到同样的事情"。

"尽管其他什么都没有学到,但在漫长的岁月中我唯独学到了这一点,那就是,如果口袋里有支铅笔,很可能有一天你就会想要去使用它。正如我喜欢对自己的孩子们说的一样,后来,我成了作家。"

遗憾的是,并不会因为我们还没有做好准备,死亡就说声"真糟糕"便转身离去。但是,倘若可以,不仅仅是死亡,对于人生中的任何事情,我们都要尽可能地做好万全准备。如果是好机会,那更要如此。可是,对自己来说,什么是好机会,它何时会到来,这些都无法由我们自己来决定。

双重性

但是,即便时刻准备着,也并不是说此刻的"当下"就仅仅是为准备而存在。一般说来,任何事情最终都有可能完成也有可能完不成。完成了当然很好,但如果没有完成的话,那之前的时间也并不会白费。结果固然重要,但也不是做任何事情都只求结果。我们可以,事实上也能够去享受那之前的过程。

如果不做好准备,有时的确会错过好机会。但是,那种好机会未必是什么重大事件。不疏于准备,认认真真过好当下,如此一来,在一些容易被我们忽视的日常琐事中也能够发现人生的重大转机。

就像马丁·路德的"即使世界明天终结,我也要

第 5 章
生存的勇气

种下苹果树"这句话所表明的一样,我们要像有无限时间一样地去做事。如果考虑时间的有限性,我们往往就会顾虑现在正在做的事情能否完成。但是,阿德勒说过:"满怀自信地面对人生课题的人并不会焦躁。"

反过来讲的话,没有自信的人就容易焦躁,为了解释那种焦躁,往往就会搬出时间有限这一理由。

像这样,我们需要一种双重性的生活方式,既要积极筹划未来,又要尽力过好当下。也就是说,无论现实如何都不迷失理想,同时也重视当下的生活,要尽可能地做到两者兼顾。不为将来之事担忧,不因未明之事烦恼,这是为了不错失当下幸福所需要做到的事情。但是,如果没有目标或理想,就容易拘泥于眼前之事。即便是遭遇一些当下看来困难重重且不解决便寸步难行的事情,如果用长远的眼光或者事后回过头来看的话,就会觉得那虽然是人生中的重大事件,但也并非什么要命之事，或许还会感叹自己当时为何那么想不开。理想作为"引导之星"而存在，只要看着它前行，就不会迷失方向。倘若没有树立这种指引性的目标，就会拘泥于眼前之事，忽喜忽忧，或者是只能过着一种今朝有酒今朝醉的生活。

并且，如果目标明确，即便是已经下定决心开始做的事情因为某些原因无法继续，倘若明白那只是达成目标的一种手段，就不会一直固执于已经行不通的事情，而是可以另辟蹊径，重新开始。认为什么事情一旦决定就必须坚持完成并固执于此，有时候反而会以徒劳而告终。其实，那种已经决定的事情也并非终极目标，因此，任何时候我们都要保有打起精神、重新出发的勇气。

第 5 章
生存的勇气

改善世界

这里的终极目标说白了就是幸福。没有人不渴望幸福,一切都是达成这一目标的手段。从前文的论述就可以看出来,为了获得幸福,仅仅追求个人性的幸福是不够的。

内村鉴三引用天文学家赫歇尔的话说:"我们至死都想让这个世界变得更加美好。"阿德勒也说,倘若能够在懂得这个世界存在险恶和困难的基础上,依然于既有优点也有缺点的这个世界上以恰当的方式毫不畏惧地去面对自己的课题,"我们就能够在改善世界方面发挥自己的作用"。

这个世界并不完美,我们的人生也不全是欢声笑语。虽然我并不认为人生净是痛苦，但随着年岁增长，身体渐渐衰弱，人也会生病。如果是在远离人烟的地方独自生活的话暂且不论，只要与人打交道，那就避免不了人际关系方面的麻烦。或许人人都感叹过活着不易吧。

尽管如此，我们还是能够享受生命。关于那些将人生及相关课题看得特别困难的孩子们，阿德勒这么说："这样的孩子往往将人生及其相关课题看得特别困难，为了免受损害，他们一般会比较保守，对外界充满警惕，这一点倒也容易理解。背着这种过度警惕的重担，比起让自己置身于轻举妄动就会导致失败的命运之中，他们往往会更倾向于在察觉到重大困难和危险之后即刻选择回避课题。"

并不是因为有困难才回避课题，而是由于害怕失败才回避课题，并在人生及其课题中找出重大困难与危险来作为回避课题的理由。

第 5 章
生存的勇气

"并且,这些孩子们身上往往都一个共同特征,同时也是缺乏共同体感觉的显著表现,那就是,考虑自己比考虑他人要多。一般而言,这样的人往往具有较为悲观的世界观,如果不能摆脱错误的生活方式,就无法尽情享受生命。"

并不是人人都无法享受人生,而是那些只知道考虑自己、具有悲观世界观的人无法享受人生。换个角度来讲,如果能够做到不单单考虑自己,也去考虑他人,那就不必再为了挽回人生课题而徒增烦恼了。就像前文看到的那样,这样的人直面课题也不单单是为了自己,而是能够据此在改善世界方面发挥自己的应有作用。

无畏的勇气
"自我启发之父"阿德勒的生命哲学课

超越的勇气

前文思考了如何能够获得生存的勇气。的确,人生很辛苦。尤其是对于想要认真活着的人来说,人生更加辛苦。但是,这对任何人来说都是一样,我们不能一味地叫苦。

不仅仅是面对疾病或死亡之类课题的时候,在人生中的一切场合,我们都在由自己赋予生命意义,这是阿德勒的基本观点。并且,这种赋予生命意义的方式就是每个人的生活方式。阿德勒认为,这种生活方式或许是一种不自觉的状态,但却是人按照自己的决断选择出来的。正因为如此,如果下定决心选择不同的生活方式,也就是决心以与之前不同的方式赋予人生意义的话,人生就有可能发生变化。

第5章
生存的勇气

但是,即便改变了人生观,人也照样会遇到一些令人痛苦的事情。这种时候,即便是像幼小的孩子那样因为害怕就紧闭双眼,不去面对现实,事态也不会发生任何改变。任何人都不得不去面对衰老、疾病以及死亡。

可是,那些事情是否就是一种痛苦呢?实际上,这并不唯一。因为,并不是人人都把其当作一种痛苦去体验。本书所致力的方向就是希望大家在面对不可避免的人生课题时不要徒增一些不必要的痛苦。前文已经分析过一些将死亡无效化的做法。可是,无论做什么,都无法否定死亡的存在。并且,死亡并不是在人生的最后才渐序到来。恐怕不少人都曾经在半夜醒来,突然感觉自己离死亡竟然如此之近。但是,就像与鸽子逆向的空气并不会妨碍反而有助于其飞翔一样,我们也可以将那些被视为会带来痛苦的课题当作人生的必要食粮。为此,我们需要具备毫不气馁、勇敢飞翔的勇气。

前文已经看到，关于自卑感，阿德勒说："我们能够摆脱这种充满痛苦、令人不安的情绪，获得精神上的巨大飞跃"。并且，阿德勒还引用维吉尔的话来说明保持乐观主义的重要性。

"正是由于认为自己能做到所以才能做到。"

从容地活着

柏拉图晚年于《法律篇》中写道，正确的生活方式就是抱着一种享受游戏的心态去活着，这引起了我的注意。当我孜孜不倦地活着时，看到这一节之后，我感觉自己的生活方式距离享受人生实在是有些远。不把人生当作同一件事情的重复，尽力去探索各种可能性。这样做的确是有些冒险，但是，如果总是停留在没有失败的安全圈内，甚至去逃避人生课题，那我

第 5 章
生存的勇气

们或许也无法从中获得生存的喜悦。

前文在分析现实活动态的生活方式时曾将活着比喻为跳舞，也就是说，我们要学会活在当下并真心去享受生活，不要总让自己置身于一种令人窒息的紧张状态之中。阿德勒也经常提到生存的喜悦、充满喜悦的人生、生存的乐趣等。如果是将人生比作游戏的话，认真的我总觉得有些内疚，但是，并不是说只有在达成什么事的时候才可以享受人生，我们完全可以享受当下，而且，也只能享受当下。我觉得自己似乎也慢慢学会了这一点。

后　记

2006年4月的一个早上，我因呼吸困难而从睡梦中醒来。觉察到情况不妙的我被急救车拉到医院后被诊断为心肌梗死。幸好捡回了一条命。一年后，我的冠状动脉仍然有无法进行导管治疗的狭窄处，于是我便接受了冠状动脉搭桥手术。

就像前文中提到的一样，当时我就有一种"尽管如此，也还是感觉这么突然……"的感觉。虽然知道总有一天会死去，但我还是觉得死亡是一件极其凄凉的事情。那时候，我的脑海中浮现出一些事情。当时，虽然已经完成了我的第三本著作《读懂阿德勒》的校对工作，但尚未出版。我觉得自己如果无法看到书的

后　记

最终出版的话，那实在是一件遗憾的事情。并且，与此相关联，我还想起了与当时的我同年龄时便死在狱中的哲学家三木清的下面这段话："对于没有任何执着信仰的空虚心灵来说，死亡或许是一件相当难以接受的可怕之事。内心有执着信仰的人不会真正死去，其实就是说，因为有执着信仰，所以便能够坦然面对死亡。有着执着信仰的人死后都有自己的归宿。因此，所谓对死亡做好准备就是指找到自己执着信仰的事物。倘若有真正热爱的事物，那就会将自己导向永生。"

以前好几次读到这里的时候，我都不怎么喜欢三木清这种独特的表达方式，但在自己患病之后却觉得他说得非常有道理。虽然与苏格拉底所主张的"必须死得宁静而安详"那样的心境还是有些距离，但当我认识到不必为有所执着而感到惭愧时，心情竟然不可思议地平静下来。并且，我还想到了阿德勒也是因心肌梗死而病倒，在被救护车拉往医院的途中去世，而他在病倒之前因为挂念失踪后不明去向的女儿瓦伦蒂娜而经常夜不能寐。

我幸运地捡回了一条命。在病床上完成了自己一直挂念着的"执着"之一——《读懂阿德勒》的二次校对，该书在我出院后不久便出版了。本书则相当于《读懂阿德勒》的续作。特别是编辑希望我在本书的最后两章详细论述一下"勇气"的问题，于是我便如文中所讲，借助这个宝贵机会，根据自己于生死边缘徘徊了一次的体验，对阿德勒所说的生存的勇气进行了重新考察。

但是，我在本书中所写的内容倒也并非因为经历了生病体验而有重大变化。即便如此，就像本书中描述的那样，我也确实有一些生病之前看不到的或者生病之后体会更深刻的事情。我很想将自己的这些体会和感悟分享给大家。

或许也有人会因一本关于"勇气"的书在大谈疾病或死亡问题而感到不可思议，但疾病或死亡并非与生遥遥相对，而是隐藏于生之中。并且，就像本书中所

后 记

表明的一样，一个人应对疾病或死亡问题的态度与其应对其他人生课题时的态度基本相同。我们完全可以将一个人应对疾病或死亡问题的方式视为其致力人生课题时的典型事例。本书前半部分主要聚焦于人要面对且无法回避的人际关系问题。就像文中也已经论述到的一样，我无法写出那种道德指南式的书，一本正经地告诉大家什么时候该说什么、该做什么。倒不是因为我没有写作能力，而是因为我觉得阿德勒应该不准我写那样的书。

本书的完成得到了众多朋友的帮助。

本书要特别献给救了我一命的公立南丹医院、京都第一红十字医院的医疗人员，尤其是京都第一红十字医院心血管外科的中岛昌道医生、循环器科的冈田隆医生。中岛昌道医生虽然每天都要处理很多责任重大的工作，但正如本书中所见，他是一位洋溢着生存的喜悦的人，给了心情容易沉重的我很大的勇气。冈田隆医生在我因心肌梗死住院时对当时情绪低落的我说："多写一些书吧！书会留存下去。"这为我出院后的人生指明了方向。被救护车送到医院时，如果不是冈田隆先生在值班，或许我就没命了。

当然，我依然要感谢为我提供出版机会的市村敏明先生。

岸见一郎